www.ingramcontent.com/pod-product-compliance
Lightning Source LLC
LaVergne TN
LVHW010617070526
838199LV00063BA/5176
* 9 7 8 9 3 5 8 7 2 6 2 2 0 *

داخلے جاری ہیں

(انشائیے)

ابن انشاء

© Ibn-e-Insha

Daakhle jaari Hain (Light Essays)

by: Ibn-e-Insha

Edition: March '2024

Publisher :

Taemeer Publications LLC (Michigan, USA / Hyderabad, India)

ISBN 978-93-5872-622-0

9 789358 726220

مصنف یا ناشر کی پیشگی اجازت کے بغیر اس کتاب کا کوئی بھی حصہ کسی بھی شکل میں بشمول ویب سائٹ پر اَپ لوڈنگ کے لیے استعمال نہ کیا جائے۔ نیز اس کتاب پر کسی بھی قسم کے تنازع کو نمٹانے کا اختیار صرف حیدرآباد (تلنگانہ) کی عدلیہ کو ہوگا۔

© ابن انشاء

کتاب	:	**داخلے جاری ہیں** (انشائیے)
مصنف	:	**ابن انشاء**
صنف	:	طنز و مزاح
ناشر	:	تعمیر پبلی کیشنز (حیدرآباد، انڈیا)
سالِ اشاعت	:	۲۰۲۴ء
صفحات	:	۶۰
سرورق ڈیزائن	:	تعمیر ویب ڈیزائن

فہرست

(۱)	داخلے جاری ہیں	6
(۲)	کچھ اعداد و شمار کے بارے میں	10
(۳)	رباعی سے رکابی تک	14
(۴)	ناول مینو فیکچرنگ کمپنی لمیٹڈ	17
(۵)	مکمل باورچی خانہ (جدید)	22
(۶)	ڈگریاں بڑی نعمت ہیں	26
(۷)	نسخہ بھونکتے کتے سے بچنے کا!	31
(۸)	کچھ انڈوں کی طرفداری میں	35
(۹)	ذکر کا ہلی کا	39
(۱۰)	آپ سے ملیے	44
(۱۱)	ہم مہمان خصوصی بنے	50
(۱۲)	خطبۂ صدارت حضرت ابن انشاء	57

داخلے جاری ہیں

پرسوں ایک صاحب تشریف لائے،

ہے رند سے زاہد کی ملاقات پرانی

پہلے بریلی کو بانس بھیجا کرتے تھے۔ یہ کاروبار کسی وجہ سے نہ چلا تو کوئلوں کی دلالی کرنے لگے۔ چونکہ صورت ان کی محاورے کے عین مصداق تھی، ہمارا خیال تھا اس کاروبار میں سرخ رو ہوں گے۔ لیکن آخری بار ملے تو معلوم ہوا نرسری کھول رکھی ہے۔ پودے اور کھاد بیچتے ہیں۔ پھولوں کے علاوہ سبزیوں کے بیج بھی ان کے ہاں سے بارعایت مل سکتے ہیں۔ آتے ہی کہنے لگے، "دس روپے ہوں گے؟"

ہم نے نہ دینے کے بہانے سوچتے ہوئے استفسار کیا، "کیا ضرورت آن پڑی ہے؟" فرمایا، "اپن ادبی ذوق کے آدمی ہیں، اپن سے اب گھاس نہیں کھودی جاتی۔ کھاد اور پود نہیں بیچی جاتی۔ اب ہم ایسا کام کرنا چاہتے ہیں جس سے قوم کی خدمت بھی ہو۔" ہم نے کہا، "دس روپے میں اسکول کھولیے گا؟" بہت ہنسے اور بولے، "اچھی رہی۔ بھلا دس روپے میں بھی اسکول کھولا جا سکتا ہے۔ دس روپے میرے اپنے پاس بھی تو ہیں۔ دیکھیے سیدھا سیدھا حساب ہے۔ ایک دس روپے کا تو بورڈ لکھوایا جائے گا۔ بورڈ کیا کپڑے پہ نام لکھوانا ہی کافی ہوگا اور دوسرے دس روپے سے جو آپ مجھے دیں گے، میں شہر کی دیواروں، پلیوں، بس اسٹینڈوں وغیرہ کے چہرے پر کالک پھیروں گا۔ یعنی اپنا اشتہار

لکھواؤں گا کہ اے عقل کے اندھو۔ گانٹھ کے پورو آؤ کہ داخلے جاری ہیں۔"

ہم نے کہا، "یہ جو تم لوگوں کے لپے پتے گھروں کی دیواروں کو کالی کوچی پھیر کر خراب کروگے۔ کوئی پوچھنے والا نہیں ہے تمہیں۔ کارپوریشن نہیں روکتی، پولیس نہیں ٹوکتی؟" بولے، "پہلے یہ لوگ ملاوٹ کو توروک لیں۔ عطائیوں اور گداگروں کو توٹوک لیں۔ شہر سے گندگی کے ڈھیر تواٹھوالیں۔ کتے توپکڑوالیں اور مچھروں مکھیوں کے منہ تو آلیں۔" ہم نے کہا، "آپ بھی سچے ہیں۔ ان لوگوں کی مصروفیت کا ہمیں خیال ہی نہ رہا تھا۔ اچھا اگر یونین کمیٹیوں کو خیال آگیا کہ ان کا محلہ اجلا ہونا چاہیے۔" ٹھٹھامار کر بولے، "یونین کمیٹیاں؟ یہ کون لوگ ہوتے ہیں۔ کیا کام کرتے ہیں؟"

ہم نے کھسیانے ہوکر پوچھا، "آپ کے پاس اسکول کے لیے عمارت بھی ہے۔ خاصی جگہ درکار ہوتی ہے۔ آپ کا گھر تو جہاں تک ہمیں معلوم ہے ۱۳۳ گز پر ہے۔" فرمایا، "وہ ساتھ والا پلاٹ خالی ہے نا؟ جس میں ایک زمانے میں بھینسیں بندھا کرتی تھیں۔ بچوں سے تین تین ماہ کی پیشگی فیس لے کر اس پر ٹین کی چادریں ڈلوالیں گے۔ فی الحال تو اس کی بھی ضرورت نہیں۔ گرمیوں کے دن ہیں۔ اوپن ایئر ٹھیک رہے گا۔ سنا ہے شانتی نکیتن میں بھی کھلے میں کلاسیں لگتی تھیں۔"

ہم نے کہا۔ "آپ کی بات کچھ ہمارے جی نہیں لگتی۔ بارشیں آنے والی ہیں۔ ان میں اسکول بہ گیا تو!" سوچ کر بولے، "ہاں یہ تو ہے۔ جگہ تو اپنی نرسری کے سائبان میں بھی ہے بلکہ اسکول کھولنے کا خیال ہی اس لیے آیا کہ کئی والدین نرسری کا بورڈ دیکھ کر آئے اور کہنے لگے۔ ہمارے بچوں کو اپنی نرسری میں داخل کرلو۔ بڑی مشکل سے سمجھایا کہ یہ وہ نرسری نہیں بلکہ پھولوں پودوں والی نرسری ہے۔ لیکن وہ یہی زور دیتے رہے کہ اسکولوں میں تو داخلہ ملتا نہیں، یہیں داخل کرلو ہمارے بچوں کو، کم از کم مالی کا کام سیکھ

جائیں گے۔"

ہم نے کہا، "کس درجے تک تعلیم ہو گی؟" فرمایا، "میٹرک تک تو ہونی ہی چاہیے۔ اس کے ساتھ کے۔جی اور منٹگمری اور نہ جانے کیا کیا ہوتا ہے۔" ہم نے کہا، "مانٹیسوری سے مطلب ہے غالباً۔" فرمایا، "ہاں ہاں۔۔۔ مانٹیسوری۔ میرے منہ سے ہمیشہ منٹگمری ہی نکلتا ہے۔"

"پڑھائے گا کون؟" ہم نے دریافت کیا۔ بولے، "میں جو ہوں اور کون پڑھائے گا۔ اب مشق چھٹی ہوئی ہے، ورنہ مڈل تو بندے نے بھی اچھے نمبروں میں پاس کر رکھا ہے۔ اے بی، سی تو اب بھی پوری آتی ہے۔ سناؤں آپ کو؟"

"اے۔ بی۔ سی۔ ڈی۔ ای۔"

ہم نے کہا، "نہیں، اس کی ضرورت نہیں۔ آپ کی اہلیت میں کسے شک ہے۔ لیکن آپ تو پرنسپل ہوں گے پھر آپ کی دوسری مصروفیات بھی ہیں۔ یہ پھول پودے کا کاروبار بھی خاصا نفع بخش ہے۔ یہ بھی جاری رہنا چاہیے۔" بولے، "ہاں یہ تو ٹھیک ہے۔ خیر ساٹھ ستر روپے میں کوئی بی اے، ایم اے پاس ماسٹر یا ماسٹرنی رکھ لیں گے۔ جب تک چاہا کام لیا۔ چھٹیاں آئیں نکال باہر کیا۔ بلکہ ہمارے اسکول میں تو تین کے بجائے چھ ماہ کی چھٹیاں ہوا کریں گی تاکہ بچوں کی صحت پر پڑھائی کا کوئی برا اثر نہ پڑے۔"

"نام کیا رکھا ہے اسکول کا؟" ہم نے پوچھا، "مدرسہ تعلیم الاسلام اقبال ہائی اسکول وغیرہ۔" بولے، "جی نہیں۔ نام تو انگریزی چاہیے۔ فرسٹ کلاس کا ہو جس سے معلوم ہو کہ ابھی ابھی انگریزوں نے آکر کھولا ہے۔ کسی سینٹ کا نام تو اب خالی نہیں سینٹ جوزف، سینٹ پیٹرک، سینٹ یہ سینٹ وہ۔۔۔ سب ختم ہوئے۔"

ہم نے کہا، "سینٹ سائمن ٹمپلر ہو سکتا ہے۔" غور کر کے کہنے لگے، "نہیں ہمارے

اسکول میں جاسوسی کی تعلیم نہیں دی جائے۔"

"پھر آکسفورڈ کیمبرج وغیرہ کے نام پر رکھیے۔" فرمایا، "یہ بھی بہت ہو گئے بلکہ لٹل فوکس اور چلڈرن ہوم اور گرین وڈ وغیرہ بھی کئی ایک ہیں۔ میرا ارادہ "ہمپٹی انگلش اسکول" نام رکھنے کا تھا۔ لیکن وہ بھی کسی نے رکھ لیا۔ آج سارے ناظم آباد کی پلیوں پر یہی لکھا دیکھا۔" اس پر ہمارے ذہن میں ایک نکتہ آیا۔ ہم نے کہا، "ہمپٹی ڈمپٹی دو بھائی تھے۔ بھائی نہیں تھے تو ایک ہی تھیلی کے چٹے بٹے تو تھے ہی۔ آپ نہلے پہ دہلا ماریے۔ "ڈمپٹی انگلش اسکول" نام رکھیے۔ اس میں بچت بھی ہے۔ نیا اشتہار لکھوانے کی ضرورت بھی نہ پڑے گی۔"

"وہ کیسے؟" ازراہِ اشتیاق پوچھنے لگے۔ ہم نے کہا، "پینٹر سے کہیے کہ رات کو کوچی لے کر نکلے۔ ہمپٹی کی "ہ" پر کوچی پھیرتا جائے اور اسے "ڈ" بناتا جائے۔ سفیدی برائے نام خرچ ہو گی۔ دو تین روپے سے زیادہ نہ دیجیے گا پینٹر کو۔" بولے، "بات تو آپ بھی کبھی کبھی ایسی کر جاتے ہیں، دانا اندر آں حیراں بماند۔ مفت اور مفید مشورے کا شکریہ۔ لیکن وہ دس روپے تو دلوایئے اور ایک پان کھلوایئے۔ ڈبل کتھے چونے کا۔"

یوں اسکول کھل گیا اور یوں اسکول کھل رہے ہیں۔ جس کا لکڑیوں کا ٹال نہ چلا اس نے اسکول کھول لیا اور جس کی نرسری کے پودے نہ بکے اس نے بھی اسکول کھول لیا۔ اسکول بڑھتے جاتے ہیں تعلیم گھٹتی جاتی ہے۔ خیر اس میں نقصان بھی کچھ نہیں۔ آج تک کسی کا تعلیم سے کچھ بنا بھی ہے؟

***

کچھ اعداد و شمار کے بارے میں

ہمارا حساب ہمیشہ سے کمزور رہا ہے۔ یوں تو اور بھی کئی چیزیں کمزور رہی ہیں۔ مثلاً مالی حالت، ایمان، لیکن ان کے ذکر کا یہ موقع نہیں۔ ادھر آج کی دنیا اعداد و شمار اور حساب کتاب کی دنیا ہے حتی کہ ہمارے دوست طارق عزیز بھی جو ہماری طرح نرے شاعر ہوا کرتے تھے، حساب لگانے اور اوسطیں نکلوانے لگے ہیں۔ نیلام گھر کے گزشتہ پروگرام میں انہوں نے پوچھا کہ وہ کون سا مہینہ ہے جس میں سب سے زیادہ جھوٹ بولا جاتا ہے۔ کسی نے بتایا، کسی نے نہ بتایا۔ طارق عزیز کی طرف سے جواب آیا کہ فروری میں کیونکہ اس مہینے میں فقط ۲۸ دن ہیں۔

ہمارا یہ خیال تھا کہ کوئی آدمی ایک ہی جھوٹ ایسا بول سکتا ہے کہ کسی دوسرے کے عمر بھر کے جھوٹوں پر بھاری پڑے۔ لیکن اعداد و شمار میں چیزوں کو گنا کرتے ہیں، تولا نہیں کرتے۔ بہرحال خوشی کی بات ہے کہ جھوٹ ناپنے کا پیمانہ دریافت ہو گیا ہے اور طارق عزیز کے ہاتھ آگیا ہے جو ہماری طرح سوشلسٹ خیالات رکھتے ہیں۔ ہم یہ مطالبہ کرنے میں حق بہ جانب ہوں گے کہ اس کا راشن مقرر کر دیا جائے۔ اسے نیشلائز کر کے سب کو حصہ رسد تھوڑا تھوڑا حق جھوٹ بولنے کا دیا جائے۔ یہ بات ہمیں قرین انصاف معلوم نہیں ہوتی کہ بڑے لوگ تو جھوٹ بولیں، پیسے والے تو جھوٹ کا طومار باندھیں۔ سیاست دان تو پریس کانفرنسیں تک کریں لیکن عوام سے کہا جائے کہ صرف سچ بولو۔ مساوات کا تقاضا یہ ہے کہ ایک طرف غریب غرباء کو بھی جھوٹ بولنے کا حق دیا جائے۔

دوسری طرف بڑے لوگوں کو بھی سچ کے استعمال پر راغب کیا جائے۔ جسے یہ لوگ کڑوا ہونے کی وجہ سے بالعموم تھوک دیتے ہیں۔

کسی دانا یا نادان کا مقولہ ہے کہ جھوٹ کے تین درجے ہیں۔ جھوٹ، سفید جھوٹ اور اعداد و شمار۔ لیکن ہم یہ نہیں مانتے۔ اعداد و شمار بڑی اچھی چیز ہیں۔ اعداد و شمار کی برکت سے اب ہم یہ جانتے ہیں کہ سورج کتنے کلومیٹر کے فاصلے پر ہے اور چاند کی روشنی کتنے سال میں ہم تک پہنچتی ہے۔ بے شک اس سے سورج کی روشنی پر چنداں اثر نہیں پڑا نہ چاند کی چاندنی متاثر ہوئی ہے۔ نہ ہم ان چیزوں میں کمی بیشی کر سکتے ہیں۔ تاہم علم خواہ کتنا ہی بے مصرف ہو آخر علم ہے اور اس کی قدر کرنی چاہیے۔ اب ہر ملک کے بارے میں ہم جانتے ہیں کہ اس کی GNP کیا ہے، اوسط آمدنی فی کس کتنی ہے۔ مہنگائی کا اعشاریہ کیا ہے۔ اس سے یہ مطلب نہیں کہ ایسا کرنے سے مہنگائی کم ہو جاتی ہے یا آمدنی بڑھ جاتی ہے یا پیداوار میں اضافہ ہو جاتا ہے، لیکن علم میں تو اضافہ ہوتا ہی ہے۔ ہم مہذب اور تعلیم یافتہ تو گنے جاتے ہی ہیں۔

ہمیں معلوم نہیں کہ پرانے حکمران، بابر، شیر شاہ، اکبر اعظم اور فیروز تغلق وغیرہ اعداد و شمار جمع کیا کرتے تھے اور اوسط نکالا کرتے تھے یا نہیں، مثلاً شیر شاہ، اکبر اعظم اور فیروز تغلق کے زمانے میں خاصی ارزانی اور خوشحالی تھی لیکن یہ ذکر نہیں ملتا کہ فی کس کتنے موٹھ مٹر آتے تھے، یا شیر شاہ کی سڑکیں فی کس کتنے ہزار ہر آدمی کے حصے میں آتی تھیں یا GNP کیا تھی۔ آج کل اقتصادی مشیر اور وزیر وغیرہ ہونے کے باوجود اقتصادیات گڑبڑ رہتی ہیں۔

پرانے زمانے میں اقتصادی مشیر نہ ہونے کے باوجود شاید اسی وجہ سے کوئی اقتصادی خلل واقع نہیں ہوتا تھا، لیکن اس بات کی ہم تعریف نہیں کر سکتے کیونکہ اٹکل

پچو چیز اٹکل پچو چیز ہوتی ہے۔ لوگ تو حکمت اور ہومیو پیتھی کی دواؤں سے بھی ٹھیک ہو جاتے ہیں۔ اس کا مطلب یہ تھوڑا ہی ہے کہ ہم ان کو صحیح طریقہ علاج مان لیں اور ایلو پیتھی کو جس پر انگریزوں نے اتنا روپیہ صرف کیا ہے خدائی کا درجہ نہ دیں۔

آج کل ہر چیز کے لیے کیلکولیٹر اور کمپیوٹر وغیرہ نکل آئے ہیں۔ کسی کو ۲+۲ کا جواب چاہیے تو مشین ہی پر حساب کرتا ہے۔ ایک کلرک کو ہم نے دیکھا کہ اس نے ایک کیلکولیٹر خرید لیا تھا تاکہ اپنی ماہانہ آمدنی بڑھا سکے اور ایک کسان نے ایک بینک سے کہا تھا کہ میرے ہاں فی ایکڑ پیداوار کم ہوتی ہے۔ اپنے کمپیوٹر سے کہیے کہ اسے بڑھا دے۔ یہ سادہ لوحی ہے۔ یہ سچ ہے کہ جتنے لوگ ہمارے ہاں کمپیوٹروں کے شعبے میں کام کرتے ہیں اگر جا کر کھیت میں ہل چلائیں تو پیداوار بڑھ سکتی ہے لیکن پھر سائنٹفک اعداد و شمار کی کمی واقع ہو جائے گی، جو پیداوار سے کم ضروری چیز نہیں۔

اوسط کا مطلب بھی لوگ غلط سمجھتے ہیں۔ ہم بھی غلط سمجھتے تھے۔ جاپان میں سنا تھا کہ ہر دوسرے آدمی کے پاس کار ہے۔ ہم نے ٹوکیو میں پہلے آدمی کی بہت تلاش کی لیکن ہمیشہ دوسرا ہی آدمی ملا۔ معلوم ہوا پہلے آدمی دور دراز کے دیہات میں رہتے ہیں۔ حساب لگایا ہے کہ ایک امریکی سال میں اوسطاً ساڑھے گیارہ بار چھینکتا ہے۔ اس کا مطلب یہ نہیں کہ بارہویں چھینک آئے تو اسے روک لیتا ہے یا آدھی روک لیتا ہے، ناک سکیڑ کر رہ جاتا ہے۔ نہ ہر خاندان کے پاس ۱/۲ ٹیلی ویژن اور ۱/۴ کار ہونے کا یہ مطلب ہے کہ ہر گھر میں ایک ٹیلی ویژن اور ایک خالی کھوکھا ہوتا ہے یا کار کا ایک پہیہ ہوتا ہے، چاہو دروازے پر لٹکاؤ چاہے ہوا بھر کر لڑھکاتے پھرو۔ اور ایسا سوچنا تو اعداد و شمار کا مذاق اڑانا ہے۔ ملک کی ساری کاروں اور سارے ٹیلی ویژنوں کو ساری آبادی پر تقسیم کرکے اوسط نکالی جاتی ہے۔ یہ مطلب نہیں کہ کاریں اور ٹیلی ویژن سچ مچ غریب غرباء سمیت سب کو دے دیے

جاتے ہیں۔ خدانخواستہ ایسی بدعتیں تو سوشلزم وغیرہ میں سنی جاتی ہیں فقط حساب کتاب کی حد تک۔

تاہم اوسط نکالنے میں کچھ احتیاط ضرور چاہیے۔ ایک بار ایک حساب دان نے دریا پار کرتے وقت اوسط نکالی تھی۔ لوگوں نے بہت منع کیا کہ بابا ڈوب جاؤ گے لیکن اس نے بانس بنوایا۔ ایک جگہ آٹھ فٹ گہرا پانی تھا، دوسری جگہ تین فٹ ایک جگہ چار فٹ۔ اوسط نکلی پانچ فٹ۔ سو یہ کچھ گہرائی نہ ہوئی۔ دریا میں اتر پڑا اور لگا ڈبکیاں کھانے۔ لوگوں نے مشکل سے نکالا۔ پھر بھی حیران کہ اوسط پانچ فٹ کی ہے، میں چھ فٹ کا ہوں گا۔ ڈوبا تو کیوں ڈوبا۔

ایسا ہی ایک حساب دان اصفہان کی سیر کو گیا تھا۔ وہاں بازار میں کئی جگہ ٹھٹکا۔ خریداری کی اور ہوٹل واپس آیا تو معلوم ہوا کہ چھاتا کہیں کسی دکان پر رہ گیا۔ پہلی دکان پر گیا۔ دکان دار نے کہا کہ حضرت یہاں نہیں۔ دوسرے نے کہا، آپ لے گئے تھے۔ تیسرے نے کہا میں نے دیکھا ہی نہیں۔ چوتھے نے بھی انکار میں سر ہلایا۔ پانچویں دکان دار نے البتہ شکل دیکھتے ہی چھاتا نکال حوالے کیا کہ میاں جی آپ بھول گئے تھے۔ اس پر اس شخص نے اہل اصفہان کے بارے میں یہ حکم لگایا کہ اصفہانیوں میں ہر پانچ میں سے صرف ایک آدمی ایماندار ہے۔ یہ اوسط آج بھی سچ ہے ورنہ تو ہر مسافر وہاں ایک چھاتہ لے کر جاتا اور پانچ چھاتے اٹھائے واپس آتا۔

***

رباعی سے رکابی تک

کیا مرد واقعی سست اور بے سلیقہ ہوتے ہیں؟ ہمارے اس سے اختلاف یا اتفاق رائے کرنے سے کچھ نہیں ہوتا کیونکہ عمومی رائے یہی معلوم ہوتی ہے۔ اسی صفحے پر آپ ایک کارٹون دیکھیں گے۔ میاں نے لمبے ڈنڈے والے جھاڑو سے فرشوں کی صفائی کرنے کے بعد باورچی خانے میں بہت سی پلیٹیں دھولی ہیں۔ لیکن ابھی کچھ باقی بھی ہیں۔ ایسا لگتا ہے کہ اس میں میاں نے کچھ زیادہ دیر لگا دی ہے کیونکہ بی بی پہلے اپنے کمرے میں بیٹھی ریڈیو سنتی رہیں۔ پھر ڈرائنگ روم میں رسالوں میں تصویریں دیکھتی رہیں۔ آخر اس سے بھی اکتا گئیں۔ گارٹون میں وہ میاں سے کہہ رہی ہیں، "ذرا جلدی کام کیا کرو جی! میرا بھی کچھ خیال ہے؟ کتنی دیر سے اکیلی بیٹھی بور ہو رہی ہوں۔"

یہ مسئلہ بہت سے گھروں کا ہے۔ مرد لوگ گھر کی صفائی، چائے بنانے، برتن دھونے وغیرہ میں اتنی دیر لگا دیتے ہیں کہ بیویاں عاجز آجاتی ہیں۔ اکثر دیکھا ہے۔۔۔ صبح کا وقت ہے۔ بیوی بستر میں پڑی ہیں، میاں چائے دانی بھر کر ان کے بستر کے پاس کی میز پر رکھ تو گئے لیکن پھر جا کر فرش رگڑنے لگے یا ناشتہ بنانے لگے۔ اتنا خیال نہیں کہ چائے بنا کر بھی دینی ہے۔ ادھر بیوی ایک ہاتھ سے اخبار تھامے اسے پڑھ رہی ہیں۔ دوسرے سے سر کھجا رہی ہیں۔ ان کا کوئی ہاتھ خالی ہوتا تو شائد خود ہی بنا لیتیں۔ میاں صاحب ناشتہ بنا کر بچوں کو نہلانے اور کپڑے بدلنے میں جٹ جائیں گے، اور پھر اپنے اور بیوی کے جوتے پالش کرنے کے بعد ان کو دفتر جانے کی جلدی پڑ جائے گی۔ شام کو آتے ہی باورچی

خانے میں جاگھسیں گے یا غسل خانے میں بیٹھ کر بچوں کے کپڑے دھوئیں گے۔ اس سے فارغ ہوئے تو کچھ سلائی کا کام لے بیٹھیں گے۔ قمیصوں کے بٹن ٹانک رہے ہیں، جرابیں رفو کر رہے ہیں۔ گلدان سجا رہے ہیں۔ گویا ہر چیز کا خیال ہے۔ نہیں خیال تو بیوی کا جو اپنے کمرے میں پڑی برابر ریڈیو سن رہی ہیں یا معمے حل کر رہی ہیں اور بور ہو رہی ہیں۔ میاں سے اتنا بھی نہیں ہوتا کہ آ کر ان کے پاؤں ہی داب دے۔

ایک صاحبہ نے پچھلے دنوں ایک مضمون میں اس بات کی طرف توجہ دلائی تھی اور اشارۃً کہا تھا کہ مردوں کو خانہ داری کی تربیت حاصل کرنی چاہیے۔ ان کا کہنا تھا کہ شوہر صاحب علی الصبح بیوی کو بستر میں ہی چائے کی ایک گرما گرم پیالی بنا کر دے دیا کریں تو یہ معمولی سی بات باہمی محبت میں اضافے کا موجب ہو سکتی ہے۔ انہوں نے اس بات کا شکوہ بھی کیا کہ بہت سے مردوں کو سویٹر بننے نہیں آتے۔ حالانکہ یورپ میں چند صدی پیشتر یہ کام مرد ہی انجام دیا کرتے تھے۔ اس کے انہوں نے کئی فائدے بھی گنوائے تھے کہ سویٹر بننے سے سگریٹ پینے کی عادت چھوٹ جاتی ہے۔ وہ یوں کہ سگریٹ کا گل جھاڑنے کے لیے ہر بار سلائیاں ہاتھ سے رکھنی پڑتی ہیں اور یہ سلائیاں چلانا اتنا دلچسپ شغل ہے کہ چند دن کے بعد مرد سگریٹ پر لعنت بھیج دے گا کہ اس سے سویٹر بننے کا مزا کر کر ا ہوتا ہے۔

ہماری رائے میں مردوں کے لیے شروع ہی میں اس قسم کی تربیت کا بندوبست ہو تو اچھا ہے۔ مثلاً ان کی تعلیم میں خانہ داری کا مضمون ضرور ہونا چاہیے۔ اور اسکولوں میں انہیں آٹا گوندھنا، روٹی پکانا، طرح طرح کے سالن تیار کرنا، بچوں کی نگہداشت، گھر کی صفائی وغیرہ سکھانے کا عملی انتظام ضرور ہو، تا کہ شادی کے بعد گھر سنبھال سکیں۔ اس خیال میں نہیں رہنا چاہیے کہ پڑھ لکھ کے گریجویٹ ہو گئے ہیں اور برسر روزگار ہیں تو لڑکیوں کے والدین ان کے گھر کے چکر کاٹنے شروع کر دیں گے۔

اب تو یہ ضرورت رشتہ کے اشتہار میں بھی یہ قید لگا دی جائے گی کہ لڑکا قبول صورت اور پابند صوم صلوٰۃ ہونے کے علاوہ گھر داری کا سلیقہ رکھتا ہو۔ سینا پرونا جانتا ہو۔ آٹھوں گانٹھ کمیت ہو۔ جہیز کی کوئی قید نہیں۔ جتنا زیادہ لا سکے، لے آئے۔ لڑکی کی والدہ جب لڑکے کو دیکھنے آئیں گی تو لڑکے والے اس امر کا اہتمام کریں گے کہ اس وقت لڑکا حیا کی سرخی چہرے پر لیے باورچی خانے میں بیٹھا آلو گوشت پکا رہا ہو اور آٹا گوندھ کر ایک طرف رکھ چھوڑا ہو۔ لڑکے کی والدہ بہانے بہانے اپنی ہونے والی یا نہ ہونے والی سمدھن کو بتائے گی کہ یہ ساری چادریں اور غلاف میرے بیٹے نے کاڑھ رکھے ہیں۔ اپنے کالج میں کڑھائی سلائی میں ہمیشہ اول آتا رہا ہے۔ کھانا پکانے کی تربیت بھی ہم نے اچھی دلائی ہے۔ چھ مہینے تو اس نے شہر کے مشہور مسلم کالی ہوٹل میں خانساماں کا کام کیا ہے۔ اور بیاہ شادیوں میں دیگیں پکانے بھی جاتا رہا ہے۔

ادھر سمدھن اپنی بیٹی کے گن گائیں گی کہ بہت خلیق اور ہنس مکھ ہیں۔ اپنی صحت کا بہت خیال رکھتی ہیں اس لیے سہیلیوں کو لیے اکثر باغوں کی سیر کرتی رہتی ہیں۔ تصویریں بھی بناتی ہیں۔ آرٹ کونسل کی نمائش میں پہلا انعام انہی کو ملا۔ وہ یوں کہ انہوں نے طوطا بنایا تھا۔ کسی نے اسے گھوڑا بتایا۔ کسی نے درخت۔ کسی نے آٹا پیسنے کی چکی۔ صحیح کوئی نہ بتا سکا۔ فلم کوئی نہیں چھوڑی اور مطالعے کا ایسا شوق ہے کہ پاکستان کا کوئی فلمی رسالہ نہیں جو نہ منگاتی ہوں۔ گاتی بھی ہیں۔ ٹکٹ جمع کرنے اور قلمی دوستی کا شوق ہے۔ ہم نے اس بات کی احتیاط رکھی ہے کہ کھانے پکانے اور صفائی دھلائی سے اس کے ان اشغال میں حرج واقع نہ ہو۔ یوں بھی ان کے ابا پرانی وضع کے ہیں۔ ان امور میں عورتوں کا عمل دخل پسند نہیں کرتے۔ اب میں مطمئن ہوں کہ جیسا بَر میں چاہتی تھی، ویسا اللہ نے دے دیا۔

***

ناول مینو فیکچرنگ کمپنی لمیٹڈ

پاکستان ناول مینو فیکچرنگ کمپنی لمیٹڈ ہونہار مصنفین اور یکہ تاز ناشرین کے لیے اپنی خدمات پیش کرنے کا مسرت سے اعلان کرتی ہے۔ کارخانہ ہذا میں ناول جدید ترین آٹو میٹک مشینوں پر تیار کیے جاتے ہیں اور تیاری کے دوران انہیں ہاتھ سے نہیں چھوا جاتا۔ ناول اسلامی ہو یا جاسوسی، تاریخی یا رومانی۔ مال عمدہ اور خالص لگایا جاتا ہے۔ اس لیے یہ ناول مضبوط اور پائیدار ہوتے ہیں۔

پڑھنے کے علاوہ بھی یہ کئی کام آتے ہیں۔ بچہ رو رہا ہو۔ ضد کر رہا ہو۔ دو ضربوں میں راہ راست پر آ جائے گا۔ بلی نے دودھ یا کتے نے نعمت خانہ میں منہ ڈال دیا ہو۔ دور ہی سے تاک کر ماریے۔ پھر ادھر کا رخ نہیں کرے گا۔ بیٹھنے کی چوکی اور گھڑے کی گھڑونچی کے طور پر استعمال ہونے کے علاوہ یہ چوروں ڈاکوؤں کے مقابلے میں ڈھال کا کام بھی دیتا ہے۔ ایک تو اس لیے کہ اس کے مطالعے سے دل میں شجاعت کے جذبات خواہ مخواہ موجزن ہو جاتے ہیں۔ دوسرے اپنی ضخامت اور پٹھے کی نوکیلی جلد کے باعث۔ خواتین کے لیے ہمارے ہاں واش اینڈ ویئر (Wash and Wear) ناول بھی موجود ہیں تاکہ ہیروئن کا نام بدل کر پلاٹ کو بار بار استعمال کیا جا سکے۔ ایک ہی پلاٹ برسوں چلتا ہے۔ پندرہ بیس ناولوں کے لیے کافی رہتا ہے۔ واش اینڈ ویئر کوالٹی ہمارے اسلامی تاریخی ناولوں میں بھی دستیاب ہے۔ آرڈر کے ساتھ اس امر سے مطلع کرنا ضروری ہے کہ کون سی قسم مطلوب ہے۔ ٪۶۵ رومان اور ٪۳۵ تاریخ والی یا ٪۶۵ تاریخ اور ٪۳۵ رومان والی۔

اجزائے ترکیبی عام طور پر حسب ذیل ہوں گے۔

ا۔ ہیروئن۔ کافر دوشیزہ۔ تیر تفنگ، بنوٹ پٹے اور بھیس بدلنے کی ماہر۔ دل ایمان کی روشنی سے منور۔ چھپ چھپ کر نماز پڑھنے والی۔

۲۔ کافر بادشاہ۔ ہماری ہیروئن کا باپ لیکن نہایت شقی القلب۔ انجام اس کا برا ہو گا۔

۳۔ لشکر کفار۔ جس کے سارے جرنیل لحیم شحیم اور بزدل۔

۴۔ اہل اسلام کا لشکر۔ جس کا ہر سپاہی سوالاکھ پر بھاری۔ نیکی اور خدا پرستی کا پتلا۔ پابند صوم و صلوۃ۔ قبول صورت بلکہ چندے آفتاب چندے ماہتاب۔ بحر ظلمات میں گھوڑے دوڑانے والا۔

۵۔ ہیرو۔ لشکر متذکرہ صدر کا سردار۔ اس حسن کی کیا تعریف کریں، کچھ کہتے ہوئے جی ڈرتا ہے۔

۶۔ سبز پوش خواجہ خضر۔ جہاں پلاٹ رک جائے اور کچھ سمجھ میں نہ آئے، وہاں مشکل کشائی کرنے والا۔

۷۔ ہیرو کا جاں نثار ساتھی۔ نوجوان اور کنوارا تاکہ اس کی شادی بعد ازاں ہیروئن کی وفادار اور محرم راز خادمہ یا سہیلی سے ہو سکے۔

۸۔ کافر بادشاہ کا ایک چشم وزیر جو شہزادی سے اپنے بیٹے کی، بلکہ ممکن ہو تو اپنی شادی رچانے پر ادھار کھائے بیٹھا ہے۔ چونکہ ادھار محبت کی قینچی ہے۔ لہٰذا ہیروئن کے التفات سے محروم رہتا ہے۔

پلاٹ تو ہمارے ہاں کئی طرح کے ہیں لیکن ایک اسٹینڈرڈ ماڈل جو عام طور پر مقبول ہے، یہ ہے کہ ایک قبیلے کا نوجوان دوسرے قبیلے کی دوشیزہ پر فدا ہوتا ہے اور ہوتا چلا جاتا

ہے۔ وہ دوشیزہ لامحالہ طور پر دوسرے قبیلے کے سردار کی چہیتی بیٹی ہوتی ہے۔ پانچ انگلیاں پانچوں چراغ۔ خوبصورت، سلیقہ مند، عالم بے بدل۔ لاکھوں اشعار زبانی یاد۔ کرنا خدا کا کیا ہوتا ہے، اس بیچ میں دونوں قبیلوں میں لڑائی ٹھن جاتی ہے۔ ہمارا ہیرو محبت کو فرض پر قربان کر کے شمشیر اٹھا لیتا ہے اور بہادری کے جوہر دکھاتا، کشتوں کے پشتے لگاتا دشمن کی قید میں چلا جاتا ہے۔ محافظوں کی آنکھ میں دھول جھونک کر طالب و مطلوب ایک دوسرے سے ملتے ہیں۔ اشعار اور مکالموں کا تبادلہ ہوتا ہے اور ہیروئن بی پہلے ایک جان سے پھر ہزار جان سے اس پر عاشق ہو جاتی ہے۔ راستے میں ظالم سماج کئی بار آتا ہے لیکن ہر دفعہ منہ کی کھاتا ہے۔ دانت پیستا رہ جاتا ہے۔ آخر میں ناول حق کی فتح، محبت کی جیت، نعرہ تکبیر، شرعی نکاح، دونوں قبیلوں کے ملاپ اور مصنف کی طرف سے دعائے خیر کے ساتھ آئندہ ناول کی خوشخبری پر ختم ہوتا ہے۔

آرڈر دیتے وقت مصنف یا ناشر کو بتانا ہو گا کہ ناول پانچ سو صفحے کا چاہیے، ہزار صفحے کا یا پندرہ سو کا؟ وزن کا حساب بھی ہے۔ دو سیری ناول۔ پانچ سیری ناول۔ سات سیری ناول۔ پندرہ بیس سیری بھی خاص آرڈر پر مل سکتے ہیں۔ گاہک کو یہ بھی بتانا ہو گا کہ اسی پلاٹ کو برقرار رکھتے ہوئے ماحول کس ملک کا رکھا جائے۔ عراق کا؟ عرب کا؟ ایران کا؟ افغانستان کا؟ ہیرو اور ہیروئن کے نام بھی گاہک کی مرضی کے مطابق رکھے جاتے ہیں۔ ایک پلاٹ پر تین یا اس سے زیادہ ناول لینے پر ۳۳٪ رعایت۔

خواتین کے لیے بھی جیسا کہ ہم نے اوپر ذکر کیا ہے، گھریلو اور غیر گھریلو ہر طرح کے ناول بکفایت ہمارے ہاں سے مل سکتے ہیں۔ ان میں بھی محبت اور خانہ داری کا تناسب بالعموم ۶۵٪ اور ۳۵٪ کا ہوتا ہے۔ فرمائش پر گھٹایا یا بڑھایا جا سکتا ہے۔ خانہ داری سے مطلب ہے ناول کے کرداروں کے کپڑوں کا ذکر۔ خاندانی حویلی کا نقشہ۔ بیاہ شادی کی

رسموں کا احوال۔ زیورات کی تفصیل وغیرہ۔ ہیر و اور ہیر وئن کے چچازاد بھائی اور بہنیں۔ سہیلیاں اور رقیب وغیرہ بھی مطلوبہ تعداد میں ناول میں ڈلوائے جاسکتے ہیں۔ ہمارے کارخانے کی ایک خصوصیت یہ ہے کہ خواتین کے ناول مروجہ پاکستانی فلموں کو دیکھ کر لکھے جاتے ہیں تاکہ بعد ازاں فلم ساز حضرات ان پر مزید فلمیں بنا سکیں۔ معمولی سی اجرت پر ان ناولوں میں گانے اور دوگانے وغیرہ بھی ڈالے جاسکتے ہیں۔ اس سے مصنف اور فلم ساز کا کام اور آسان ہو جاتا ہے۔ گاہک کو فقط ہیر وئن کا نام تجویز کر دینا چاہیے۔ باقی سارا کام ہمارے ذمے۔ مال کی گھر پر ڈلیوری کا انتظام ہے۔

بازار کے ناول بالعموم ایسے گنجان لکھے اور چھپے ہوتے ہیں کہ پڑھنے والوں کی آنکھ پر برا اثر پڑتا ہے۔ ہم کوشش کرتے ہیں کہ صفحے میں کم سے کم لفظ رہیں۔ مکالمے اور مکالمہ بولنے والے، دونوں کے لیے الگ الگ سطر استعمال کی جاتی ہے۔ نمونہ ملاحظہ فرمایئے،

شہزادی سبز پری نے کہا،

"پیارے گلفام!"

پیارے گلفام نے کہا،

"ہاں شہزادی گلفام۔ ارشاد!"

شہزادی سبز پری،

"ایک بات کہوں؟"

گلفام،

"ہاں ہاں کہو۔"

شہزادی،

"مجھے تم سے پیار ہے۔"

گلفام،

"سچ!"

شہزادی صاحبہ،

"ہاں سچ!"

گلفام،

"تو پھر شکریہ!"

شہزادی نے کہا،

"پیارے گلفام۔ اس میں شکریہ کی کیا بات ہے۔ یہ میرا انسانی فرض تھا۔"

ایک ضروری اعلان۔ ہمارے کارخانے نے ایک عمدہ آئی لوشن تیار کیا ہے جو رقت پیدا کرنے والے ناولوں کے ساتھ استعمال کیا جاتا ہے۔ جہاں ایسا سین آئے، رونے کے بعد دو دو قطرے ڈراپر سے آنکھوں میں ڈال لیجیے۔ آنکھیں دھل جائیں گی۔ نظر تیز ہو جائے گی۔ مسلسل استعمال سے عینک کی عادت بھی چھوٹ جاتی ہے۔ فی شیشی دو روپے۔ تین شیشیوں پر محصول ڈاک معاف۔ آنکھیں پونچھنے کے لیے عمدہ رومال اور دوپٹے بھی ہمارے ہاں دستیاب ہیں۔

* * *

مکمل باورچی خانہ (جدید)
(ایک ریویو)

جناب مطبخ مراد آبادی کی یہ کتاب مستطاب ہمارے پاس بغرض ریویو آئی ہے۔ جو صاحب یہ کتاب لائے وہ نمونہ طعام کے طور پر بگھارے بینگنوں کی ایک پتیلی بھی چھوڑ گئے تھے۔ کتاب بھی اچھی نکلی۔ بینگن بھی۔ قلت گنجائش کی وجہ سے آج ہم فقط کتاب پر ریویو دے رہے ہیں۔ بینگنوں پر پھر کبھی سہی۔ اس سلسلے میں ہم اپنے کرم فرماؤں کو ریویو کی یہ شرط یاد دلانا چاہتے ہیں کہ کتاب کی دو جلدیں آنی ضروری ہیں۔ اور سالن کی دو پتیلیاں۔

اس کتاب میں بہت سی باتیں اور ترکیبیں ایسی ہیں کہ ہر گھر میں معلوم رہنی چاہئیں، مثلاً یہ کہ سالن میں نمک زیادہ ہو جائے تو کیا کیا جائے۔ ایک ترکیب تو اس کتاب کے بموجب یہ ہے کہ اس سالن کو پھینک کر دوبارہ نئے سرے سے سالن پکایا جائے۔ دوسری یہ کہ کوئلے ڈال دیجیے۔ چولہے میں نہیں سالن میں۔ بعد ازاں نکال کر کھائیے۔ یہاں تھوڑا سا ابہام ہے۔ یہ وضاحت سے لکھنا چاہیے تھا کہ کوئلے نکال کر سالن کھایا جائے یا سالن نکال کر کوئلے نوش کیے جائیں۔ ہمارے خیال میں دونوں صورتیں آزمائی جا سکتی ہیں۔ اور پھر جو صورت پسند ہو اختیار کی جا سکتی ہے۔

کھیر پکانے کی ترکیب بھی شامل کتاب ہذا ہے۔ اس کے لیے ایک چرخے، ایک کتے،

ایک ڈھول اور ایک ماچس کی ضرورت ہوتی ہے۔ یہ نسخہ امیر خسرو کے زمانے سے آزمودہ چلا آرہا ہے۔ لیکن اس میں ماچس کا ذکر نہ ہوتا تھا۔ خدا جانے چرخے کو کیسے جلاتے ہوں گے۔ ٹیڑھی کھیر عام کھیر ہی کی طرح ہوتی ہے۔ فقط اس میں بگلا ڈالنا ہوتا ہے تاکہ حلق میں پھنس سکے۔ اس کتاب میں بعض ترکیبیں ہمیں آسانی کی وجہ سے پسند آئیں۔ مثلاً باداموں کا حلوا یوں بنایا جاسکتا ہے کہ حلوا لیجیے اور اس میں بادام چھیل کر ملا دیجیے۔ بادام کا حلوا تیار ہے۔ بیگن کا اچار ڈالنے کی ترکیب یہ لکھی ہے کہ بینگن لیجیے اور بطریقہ معروف اچار ڈال لیجیے۔ چند اور اقتباسات ملاحظہ ہوں:

آلو چھیلنے کی ترکیب

سامان، آلو۔ چھری۔ پلیٹ، ناول، ڈیٹول، پٹی۔

آلو لیجیے۔ اسے چھری سے چھیلئے۔ جن صاحبوں کو گھاس چھیلنے کا تجربہ ہے، ان کے لیے کچھ مشکل نہیں۔ چھلے ہوئے آلو ایک الگ پلیٹ میں رکھتے جایئے۔ بعض صورتوں میں جہاں چھیلنے والا ناخواندہ ہو، یہ عمل بالعموم یہیں ختم ہو سکتا ہے۔ لیکن ہماری اکثر قارئین پڑھی لکھی ہیں لہٰذا آلو چھیلنے میں جاسوسی ناول یا فلمی پرچے ضروری پڑھتی ہوں گی۔ ڈیٹول انھی کے لیے ہے۔ جہاں چرکا لگا ڈیٹول میں انگلی ڈبوئی اور پٹی باندھ لی۔ ہمارے تجربے کے مطابق ڈیٹول کی ایک شیشی میں آدھ سیر آلو چھیلے جاسکتے ہیں۔ بعض جزرس اور سلیقہ مند خواتین سیر بھر بھی چھیل لیتی ہیں۔ جن بہنوں کو ڈیٹول پسند نہ ہو وہ ٹنکچر یا ایسی ہی کوئی اور دوائی استعمال کر سکتی ہیں۔ نتیجہ یکساں رہے گا۔

حلوہ بے دودھ

اس حلوے کی ترکیب نہایت آسان ہے۔ حلوہ پکایئے اور اس میں دودھ نہ ڈالیے۔ نہایت مزیدار حلوہ بے دودھ تیار ہے۔ ورق لگایئے اور چمچے سے کھایئے۔

نہاری

کون ہے جس کے منہ میں نہاری کا لفظ سن کر پانی نہ بھر آئے۔ اس کا رواج دہلی اور لاہور میں زیادہ ہے۔ لیکن دونوں جگہ نسخے میں تھوڑا سا اختلاف ہے۔ دلی والے نلیاں، پائے، مغز اور بارہ مسالے ڈالتے ہیں۔ جس سے زبان فصیح اور بامحاورہ ہو جاتی ہے۔ پنجاب والے بھوسی، بنولے اور چنے ڈالتے ہیں کہ طب میں مقوی چیزیں مانی گئی ہیں۔ گھوڑے اول الذکر نسخے کو چنداں پسند نہیں کرتے۔ جس میں کچھ دخل صوبائی تعصب کا بھی ہو سکتا ہے لیکن اس تعصب سے دلی والے بھی یکسر خالی نہیں۔ ان کے سامنے دوسرے نسخے کی نہاری رکھی جائے تو رغبت کا اظہار نہیں کرتے، بلکہ بعض تو برا بھی مان جاتے ہیں۔ اس بات میں فقط ایک احتیاط لازم ہے۔ کھانے والے سے پوچھ لینا چاہیے کہ وہ آدمی ہے یا گھوڑا۔ لائق مصنف نے سنبوسہ بیسن، کریلوں کی کھیر اور تھالی کے بینگن وغیرہ تیار کرنے اور انڈا ابالنے وغیرہ کی ترکیبیں بھی دی ہیں لیکن ہم نے خود مکمل باورچی خانہ کی صرف ایک ترکیب آزمائی ہے۔

وہ ہے روٹی پکانے کی۔

قارئین بھی اسے آزمائیں اور لطف اٹھائیں۔

سب سے پہلے آٹا لیجیے۔ آٹا آگیا؟ اب اس میں پانی ڈالیے۔ اب اسے گوندھیے۔ گندھ گیا؟ شاباش۔ اب چولہے کے پاس اکڑوں بیٹھیے۔ بیٹھ گئے! خوب۔ اب پیڑا بنایئے۔ جس کی جسامت اس پر موقوف ہے کہ آپ لکھنؤ کے رہنے والے ہیں یا بنوں کے۔ اب کسی ترکیب سے اسے چپٹا اور گول کر کے توے پر ڈال دیجیے، اسی کا نام روٹی ہے۔ اگر یہ کچی رہ جائے تو ٹھیک ورنہ کوئلوں پر ڈال دیجیے تا آنکہ جل جائے۔ اب اسے اٹھا کر رومال سے ڈھک کر ایک طرف رکھ دیجیے اور نوکر کے ذریعے تنور سے پکی پکائی دو روٹیاں منگا کر

سالن کے ساتھ کھائیے۔ بڑی مزیدار ہوں گی۔

مصنف نے دیباچے میں اپنے خاندانی حالات بھی دیے ہیں اور شجرہ بھی منسلک کیا ہے۔ ان کا تعلق دوپیازہ کے گھرانے سے ہے۔ شاعر بھی ہیں۔ بیاہ شادیوں پر ان کی خدمات حاصل کی جاسکتی ہیں۔ دیگیں پکانے کے لیے بھی۔ سہرا کہنے کے لیے بھی۔ ہر ترکیب کے بعد مصنف نے اپنے اشعار بھی درج کیے ہیں جس سے دونوں خصوصیتیں پیدا ہو گئی ہیں۔ باورچی خانہ کا باورچی خانہ، دیوان کا دیوان۔

❋ ❋ ❋

ڈگریاں بڑی نعمت ہیں

لاہور کے ایک اخبار میں ایک وکیل صاحب کے متعلق یہ خبر مشتہر ہوئی ہے کہ کوئی ظالم ان کا سرمایہ علم و فضل اور دولت صبر و قرار اور آلات کاروبار لوٹ لے گیا ہے۔ تفصیل مال مسروقہ کی یہ ہے ایک ڈگری بی۔ اے۔ کی ایک ایل ایل بی کی۔ ایک کیریکٹر سرٹیفیکٹ بدیں مضمون کہ حامل سرٹیفیکٹ ہذا کبھی جیل نہیں گیا۔ اس پر ہر قسم کے مقدمے چلے لیکن یہ ہمیشہ بری ہوا۔ الماری کا تالا توڑ کر یہ سرٹیفیکٹ لے گئے ہوں یا یہ سہواً خود ان کے پاس چلے گئے ہوں۔ وہ براہ کرم واپس کر دیں۔ ان کو کچھ نہیں کہا جائے گا۔ اگر کوئی اور صاحب اس نابکار چور کو پکڑ کر لائیں تو خرچہ آمد و رفت بھی پیش کیا جائے گا۔ حلیہ یہ ہے۔ چور کا نہیں، سرٹیفیکٹوں کا، کہ ان پر بندے کا نام لکھا ہے۔ گلشن علی سمرقندی، سابق سوداگر شکر قندی۔ مقیم گوال منڈی۔

بعض کم فہم ظاہر بین کہیں گے کہ ڈگری سے کیا ہوتا ہے۔ وکیل صاحب شوق سے کاروبار جاری رکھیں۔ وکالت علم و عقل بلکہ زبان سے کی جاتی ہے۔ ڈگری کوئی تعویذ تھوڑا ہی ہے کہ جس کے بازو پر باندھا وہ گونگا بھی ہے تو پٹ پٹ بولنے لگا۔ فصاحت کے بتاشے گھولنے لگا۔ لیکن ہماری سینے تو ڈگری اور عہدہ دونوں کام کی چیزیں ہیں۔ بلکہ علم اور لیاقت کا نعم البدل ہیں۔ آناں را کہ ایں دہند آں نہ دہند۔ آپ نے منصب دار لوگوں کو دیکھا ہو گا کہ بظاہر بے علم معلوم ہوتے ہیں، لیکن وقت آنے پر ادب اور آرٹ کے اسرو رموز پر ایسی مدبرانہ گفتگو کرتے ہیں کہ دانا اندر آں حیراں بماند۔ جتنا بڑا عہدہ دار ہو گا

اتنی ہی اونچی بات کرے گا۔ نیچے والوں کو خاطر میں نہ لائے گا۔

ڈگری کو بھی ہم نے اسی طرح لوگوں کے سر چڑھ کر بولتے دیکھا۔ ایک ہمارے مہربان ہیں۔ اردو زبان و ادب کے پروفیسر۔ ایک روز دست نگر کو دستِ نگر پڑھ رہے تھے اور "استفادہ حاصل کرنا" بول رہے تھے۔ ہم نے بڑے ادب سے ٹوکا لیکن وہ بکھر گئے اور پوچھنے لگے، کتنا پڑھے لکھے ہو تم؟ ہم نے کہا کچھ بھی نہیں بس حرف شناس ہیں۔ الف بے آتی ہے۔ بیس تک گن بھی لیتے ہیں۔ اس پر وہ اندر سے دو فریم شدہ چوکھٹے اٹھا لائے۔۔۔ ان پر ایک ڈگری ایم اے کی تھی۔ دوسری پی ایچ ڈی کی۔ بولے اب کہو تمہارا کہا سند ہے یا ہمارا فرمایا ہوا۔ اس دن پہلی بار ہمیں اپنی غلطی معلوم ہوئی۔ اب ہم بھی ریڈیو اور ٹیلی ویژن والوں کی طرح دستِ نگر، چشمِ دید، دم زدن اور استفادہ حاصل کرتے ہی بولتے اور لکھتے ہیں۔

ڈگری اور سرٹیفیکٹ کا چلن پرانے زمانے میں اتنا نہ تھا جیسا آج کل ہے۔ اس زمانے کے لوگ بیمار بھی سرٹیفیکٹ کے بغیر ہو جایا کرتے تھے اور بعض اوقات تو شدت مرض سے مر بھی جایا کرتے تھے۔ اب کسی کی علالت کو، خواہ سامنے پڑا ایڑیاں رگڑ رہا ہو، بلا سرٹیفیکٹ کے ماننا قانون کے خلاف ہے۔ پرانے زمانے میں لوگوں کے اخلاق بھی بلا سرٹیفیکٹ کے شائستہ ہوا کرتے تھے۔ اب جس کے پاس کیریکٹر سرٹیفیکٹ نہیں، سمجھو کہ اس کا کچھ اخلاق نہیں۔ اس کی نیک چلنی مشتبہ۔ اب تو مرنے جینے کا انحصار بھی سرٹیفیکٹ پر ہے۔ سانس کی آمد و شد پر نہیں۔ آپ نے اس شخص کا قصہ سنا ہوگا جو خزانے سے پنشن لینے گیا تھا۔ جون کی پنشن تو اسے مل گئی کیونکہ اس ماہ کے متعلق اس کے پاس بقید حیات ہونے کا سرٹیفیکٹ تھا۔ لیکن مئی کی پنشن روک لی گئی کہ جب مئی میں زندہ ہونے کا سرٹیفیکٹ لاؤ گے تب ادا کی جائے گی۔ اصول اصول ہے۔ اس منطق سے

تھوڑا ہی توڑا جا سکتا ہے کہ جو شخص جون میں زندہ ہے، اس کے مئی میں بھی زندہ ہونے کا غالب امکان ہے۔ باقاعدہ سرٹیفیکیٹ ہونا چاہیے۔

عشق کاریست کہ بے آہ وفغاں نیز کند۔ وکیلوں کے لیے بے شک ڈگری کی پابندی ہے۔ اسی لیے وہ ڈگریاں چوری ہو جانے پر پریشان اور بے بس ہو جاتے ہیں۔ لیکن مؤکلوں اور گواہوں کو ان کے بغیر ہی ایسی لیاقت پیدا کرتے دیکھا ہے کہ ڈگری والا تری قدرت کا تماشا دیکھے۔ آپ نے ان میر صاحب کا ذکر سنا ہے جو ہاتھ میں چھڑی لیے پھندنے دار ٹوپی پہنے، بغل میں بستہ مارے کچہری کے احاطے میں گھومتے رہتے تھے کہ اگر لکھوائے کوئی ان کو خط تو ہم سے لکھوائے یعنی۔۔۔ مناسب معاوضے پر گواہی دے کر حاجت مندوں کے آڑے وقت کام آتے تھے۔

ایک روز کی بات ہے کہ کوئی جائداد کا مقدمہ عدالت میں تھا۔ مدعی کا وکیل تیار نہ تھا۔ اسے پوری امید تھی کہ آتے ہی تاریخ لے لے گا۔ لیکن مجسٹریٹ نے جانے کیوں اصرار کیا کہ سماعت آج ہی ہوگی۔ گواہ پیش کیے جائیں۔ ورنہ یک طرفہ ڈگری دیتا ہوں۔ وکیل صاحب بوکھلائے ہوئے باہر نکلے کہ میر صاحب دکھائی دیے۔ ان کی جان میں جان آئی۔ فوراً انہیں بازو سے پکڑ کر اندر لے گئے۔ مقدمہ سمجھنے سمجھانے کا تو وقت ہی نہ تھا۔ بس اتنی بھنک کان میں پڑی کہ کوئی خان بہادر رضا علی مر گئے ہیں۔ ان کی جائداد کا قصہ ہے یہ کون تھے۔۔۔ کیا تھے؟ جھگڑا کیا ہے۔ کچھ معلوم نہ ہو سکا۔ بہر حال پیش ہوگئے اور حلف اٹھا کٹہرے میں کھڑے ہوگئے۔ وکیل مخالف کو معلوم تھا کہ یہ بھاڑے کے ٹٹو ہیں۔ ابھی ان کے قدم اکھاڑ دوں گا۔ جرح شروع کر دی۔

"میر صاحب۔ آپ خان بہادر رضا علی مرحوم کو جانتے تھے؟" میر صاحب نے فرمایا، "اجی جاننا کیا معنی۔۔۔ دانت کاٹی روٹی تھی۔ بڑی خوبیوں کے آدمی تھے۔ خدا

مغفرت کرے۔ ان کی صورت ہمہ وقت آنکھوں کے آگے پھرتی ہے۔"

"کیا عمر تھی ان کی؟"

"بس چالیس اور اسی کے درمیان ہوں گے۔ بدن چور تھے اسی لیے صحیح اندازہ آج تک کوئی نہیں لگا سکا۔"

"اچھا یہ بتائیے کہ وہ لانبے تھے یا ناٹے؟"

میر صاحب نے کہا، "خوب لانبا قد تھا۔ لیکن از راہ خاکساری جھک کر چلتے تھے۔ اس لیے ناٹے معلوم ہوتے تھے۔"

وکیل نے دوسرا سوال داغا، "ان کی رنگت تو آپ بتا ہی سکتے ہیں۔ گورے تھے یا کالے؟"

میر صاحب نے کہا، "خوب سرخ و سفید رنگت تھی۔ لیکن بیماری کے باعث جلد سنولا جاتی تھی تو کالے نظر آنے لگتے تھے۔"

وکیل نے ایک اور وار کیا، "یہ بتائیے کہ داڑھی مونچھ رکھتے تھے یا صفاچٹ تھے۔"

میر صاحب ہنسے اور کہا، "مرحوم کی طبیعت عجب باغ و بہار تھی۔ کبھی جی میں آیا تو مونچھیں رکھ لیں۔ وہ بھی کبھی پتلی۔ کبھی گچھے دار۔ داڑھی بھی چھوڑ دیتے تھے، خشخشی کبھی یک مشت۔ کبھی یہ لمبی ناف تک اور پھر ترنگ آتی تو سب کچھ منڈا صفاچٹ ہو جاتے تھے۔"

"اچھا داڑھی آپ نے ان کی دیکھی ہو گی۔ سفید ہوتی تھی یا کالی۔"

میر صاحب نے کہا، "ویسے تو سفید ہی ہوتی تھی لیکن جب خضاب لگا لیتے تھے تو بالکل کالی نظر آتی تھی۔ ان کی طبیعت ایک رنگ پر نہیں تھی۔ وکیل صاحب کہہ دیا نا کہ باغ و بہار آدمی تھے۔"

وکیل صاحب نے کہا، "اچھا یہ فرمایئے کہ ان کا انتقال کس مرض میں ہوا۔"

میر صاحب نے ایک لمبی آہ بھری اور کہا، "رونا تو یہی ہے کہ آخر تک کچھ تحقیق نہ ہوئی۔ ڈاکٹر کچھ کہتے تھے حکیم کچھ۔ مرگ چو آید طبیب ابلہ شود۔ ہم تو یہی کہیں گے کہ ان کو مرض الموت تھا۔ ہائے کیسی نورانی صورت تھی ہمارے خان بہادر صاحب کی۔ ان کی یاد آتی ہے تو سینے میں تیر سا لگتا ہے۔" یہ کہہ کر وہ ڈس ڈس رونے بھی لگے۔

مجسٹریٹ نے کہا، "اچھا۔ اب دوسرے مقدمے کی باری ہے۔ اگلی بدھ کو دوسرے گواہان پیش ہوں۔"

٭ ٭ ٭

نسخہ بھونکتے کتے سے بچنے کا!

اخبار میں بھونکتے کتے سے بچنے کا نسخہ شائع ہوا ہے۔ لکھا ہے، "اگر آدمی ساکت کھڑا ہو جائے۔ بازو اور ہاتھ نیچے کی طرف سیدھے کرلے اور دوسری طرف دیکھنے لگے تو بھونکتا ہوا کتا کچھ دیر کے بعد خاموش ہو جائے گا اور پھر وہاں سے چلا جائے گا۔"

اخبار نے یہ نہیں لکھا کہ یہ نسخہ کہاں سے لیا گیا ہے۔ اوپر فقط "جدید طبی تحقیق" کا عنوان دیا گیا ہے۔ یہ بھی مذکور نہیں، آیا کتوں کو بھی مطلع کر دیا گیا ہے کہ ان پر ضابطہ اخلاق کی پابندی ضروری ہے۔ یہ اعتراض بھی کچھ لوگ کریں گے کہ اگر انسان حسب ہدایت بھیگی بلی بن کر منہ دوسری طرف کر کے کھڑا ہو جائے اور کتا اس کی ٹانگ لے لے تو ایڈیٹر اخبار ہذا کس حد تک ذمہ دار ہو گا۔ ہمارے نزدیک تو یہ اعتراض بے محل اور ناواجب ہے۔ بھونکنا ایک فعل ہے اور کاٹنا الگ۔ کتا کاٹ لے تو سیدھا سیدھا اسپتال جا کر چودہ انجکشن پیٹ میں لگوا لیجیے اور مزے کیجیے۔ اصل کوفت تو کتے کی عف عف سے ہوتی ہے اور اس کے لیے یہ نسخہ مجرب ہے۔

ان امور میں اصل مشکل اس وقت پیش آتی ہے جب کہ کتے کو معلوم نہ ہو کہ اسے اخبار میں چھپی ہوئی ہدایت کی پابندی کرنی ہے یعنی کوئی شخص بازو لٹکا کر دوسری طرف منہ کرے تو اسے دم دبا کر کھسک جانا چاہیے۔ یا تو بعض کتے ناخواندہ ہوتے ہیں، یا اخبار نہیں پڑھتے یا جان بوجھ کر بات ٹال جاتے ہیں۔ پچھلے دنوں ایک مشہور ہوٹل کے لاؤنج میں ایک کتے کو استراحت کرتے پایا گیا۔ منیجر صاحب بہت خفا ہوئے۔ اسے کان سے پکڑ

کر دروازے پر لے گئے جہاں موٹے موٹے لفظوں میں صاف لکھا ہوا تھا، "جن کتوں کے ساتھ ان کا مالک نہ ہو، ان کا ہوٹل میں آنا منع ہے۔"

بہ نظر احتیاط ہم لوگوں کو مشورہ دیں گے کہ وہ اس اخبار کا شمارہ ہمیشہ اپنے ساتھ رکھیں جس میں یہ ترکیب درج ہے۔ اگر کوئی کتا بھونکنے سے باز نہ آئے بلکہ کاٹنے پر اتر آئے تو جدید طبی تحقیق والا صفحہ اس کے سامنے کر دیں پھر بھی باز نہ آئے تو ڈنڈے سے اس کی خبر لیں۔ یہ ڈنڈے سے خبر لینے کی ہدایت ہماری طرف سے ہے۔ احباب مذکور کی ذمے داری نہیں۔

ہماری طبی تحقیق اتنی جدید نہ سہی تاہم مجرب ضرور ہے۔ ڈنڈا بڑی کار آمد چیز ہے اور بہت سے نسخوں میں پڑتا ہے۔ پرانے زمانے میں اسے تنبیہ الغافلین کہتے تھے۔ اور شاگرد اسی کو احترام کی نظر سے دیکھتے تھے۔ کچھ مدت ہوئی ہم نے ایک کارٹون دیکھا کہ ایک استاد اپنے شاگرد رشید کو ایک موٹی سی کتاب سے دھڑ ا دھڑ پیٹ رہا ہے۔ کتاب کا نام بھی نظر آ رہا تھا، "دی چائلڈ سائیکالوجی۔ یعنی بچوں کی نفسیات۔"

ایک زمانے میں اخباروں سے صرف خبروں کا کام لیا جاتا تھا۔ یا پھر لوگ سیاسی رہنمائی کے لیے انہیں پڑھتے تھے۔ آج تو اخبار زندگی کا اوڑھنا بچھونا ہیں۔ سیٹھ اس میں منڈیوں کے بھاؤ پڑھتا ہے۔ بڑے میاں ضرورت رشتہ کے اشتہارات ملاحظہ کرتے ہیں اور آہیں بھرتے ہیں۔ عزیز طالب علم فلم کے صفحات پر نظر ٹکاتا ہے اور علم کی دولت نایاب پاتا ہے۔ بی بی اس میں ہنڈیا بھوننے کے نسخے ڈھونڈتی ہے اور بعض لوگوں نے تو اخباری نسخے دیکھ دیکھ کر مطب کھول لیے ہیں۔

پچھلے دنوں عورتوں کے ایک اخبار میں ایک بی بی نے لکھ دیا تھا کہ پریشر ککر تو مہنگا ہوتا ہے اسے خریدنے کی ضرورت نہیں۔ یہ کام بہ خوبی ڈالڈا کے خالی ڈبہ سے لیا جا سکتا

ہے۔ کفایت شعار بیویوں نے یہ نسخہ آزمایا۔ نتیجہ یہ ہوا کہ کئی زخمی ہوئیں اور ایک آدھ بی بی تو مرتے مرتے بچی۔

ایسے نسخوں پر عمل کرتے ہوئے وہ حکایت نہ بھولنی چاہیے کہ ایک صاحب کی بھینس کو اپھارہ ہو گیا تھا۔ وہ ایک جہاں دیدہ بزرگ کے پاس دوڑے دوڑے گئے کہ "پارسال آپ کی بھینس کو بھی تو اپھارہ ہوا تھا۔ آپ نے کیا دوا دی تھی؟" ان بزرگ نے کہا، "سیر بھر سوڈا کاسٹک پانی میں گھول کر پلا دیا تھا۔" وہ شخص گیا اور یہ نسخہ آزمایا۔ بھینس اسے نوش جاں کرتے ہی مر گئی۔ وہ شخص پھر ان بزرگ کے پاس آیا اور شکایت کی کہ حضور میری بھینس تو یہ نسخہ استعمال کرتے ہی مر گئی۔

"بھئی مر تو میری بھینس بھی گئی تھی۔" ان بزرگ نے نہایت حلم اور متانت سے فرمایا۔

ہم دس بارہ روز فلو میں مبتلا رہے اور بستر سے نہ اٹھ سکے۔ اس میں بھی کچھ دخل جدید طبی تحقیق کو ہے۔

ایک صاحب روحانی اور نفسیاتی علاج کرتے ہیں۔ انہوں نے ہدایت کی کہ اپنے دل میں یہ سمجھ لو کہ تمہیں فلو ولو کچھ بھی نہیں ہے۔ سب وہم ہے۔ ہم نے اس نسخے پر عمل کیا۔ بلکہ اگر کوئی کہتا تھا، "میاں دوا کرو تمہاری کھانسی تو خطرناک معلوم ہوتی ہے۔" تو ہم یہی جواب دیتے تھے کہ میاں ہوش کی دوا کرو۔ کون سی کھانسی۔ کیسی کھانسی۔ ان کا علاج ختم ہوا تو دوسرے کرم فرمانے ایک اخبار میں سے دیکھ کے بتایا کہ دو دن کا مکمل فاقہ کرو اور پیاز کی گٹھی سونگھتے رہو۔ اب ہم نے یہ عمل کیا۔ اتفاق سے نقوی کلینک والے ڈاکٹر نقوی صاحب نے دیکھ لیا اور کہا:

"میاں کیوں پاگل ہو رہے ہو۔ اخبار والے ہو کر بھی اخبار کی باتوں پر یقین کرتے

ہو۔ یہ لو کیپسول اور یہ رہا مکسچر۔" خیراللہ نے صحت دی۔ ہم نے ان نفسیاتی معالج کو پکڑ لیا کہ حضرت ہم تو ڈاکٹر کی دوا سے ٹھیک ہوئے۔ آپ کو پچھلے دنوں فلو ہوا تھا آپ کیسے نفسیاتی علاج سے ٹھیک ہو گئے؟

ہنس کے بولے،" میاں میں بھی ڈاکٹر ہی کی دوا سے ٹھیک ہوا تھا۔"

* * *

کچھ انڈوں کی طرفداری میں

دنیا میں یہ بحث ہمیشہ سے چلی آرہی ہے کہ انڈا پہلے یا مرغی۔ کچھ لوگ کہتے ہیں انڈا۔ کچھ کا کہنا ہے مرغی۔ ایک کو ہم مرغی اسکول یا فرقہ مرغیہ کہہ سکتے ہیں۔ دوسرے کو انڈا اسکول۔ ہمیں انڈا اسکول سے منسلک سمجھنا چاہیے۔ ملت بیضا کا ایک فرد جاننا چاہیے۔ ہمارا عقیدہ اس بات میں ہے کہ اگر آدمی تھانے دار یا مولوی یعنی فقیہ شہر ہو تو اس کے لیے مرغی پہلے اور ایسا غریب شہر ہو تو اس کے لیے انڈا پہلے اور غریب شہر سے بھی گیا گزرا ہو تو نہ اس کی دسترس مرغی تک ہو سکتی ہے نہ انڈا اس کی گرفت میں آسکتا ہے۔ اسے اپنی ذات اور اس کی بقا کو ان چیزوں سے پہلے جاننا چاہیے، مقدم رکھنا چاہیے۔

ایک زمانے میں ہمارا دھیان کبھی کبھی مرغی کی طرف بھی جایا کرتا تھا۔ لیکن جب سے بکری کے دام گائے کی قیمت کے برابر ہوئے ہیں اور مرغی بکری کے دام پانے لگی ہے اور انڈا مرغی کے بھاؤ دستیاب ہونے لگا ہے، ہمارے لیے انڈا ہی مرغی ہے۔ ہم وحدت الوجود کی منزل میں آگئے ہیں۔ انڈا یوں بھی بڑی خوبیوں کی چیز ہے۔ اس میں سفیدی ہوتی ہے۔ اس میں زردی ہوتی ہے۔ اس میں چونا ہوتا ہے۔ اس میں پروٹین ہوتی ہے۔ اسے دانہ نہیں ڈالنا پڑتا۔ یہ بیٹ نہیں کرتا۔ بلیلاں اس کی جان کی خواہاں نہیں ہوتیں۔ اس کے لیے ڈربا نہیں بنوانا پڑتا۔ اس کے خول پر رنگ کر کے اسے گھر میں سجا سکتے ہیں۔ ہاں کبھی کبھی یہ گندا ضرور نکل جاتا ہے۔ سو اسے آسانی سے اٹھا کر باہر گلی میں پھینکا جا سکتا ہے۔ علامہ اقبال بھی جب نئی تہذیب کے کسی گندے انڈے کو دیکھتے تھے،

یہی کہا کرتے تھے۔ افسوس کہ پرانی تہذیب کے گندے انڈوں کے متعلق انہوں نے اپنے کلام میں کوئی واضح ہدایات نہیں چھوڑیں۔ اس لیے ان کے عقیدت مند ان کو سنبھال سنبھال کر رکھے جا رہے ہیں۔

اقبال کے ایک شارح نے تو اس شعر کی مدد سے علامہ اقبال کی گھریلو زندگی پر بھی پورا مقالہ لکھ دیا ہے۔ آج کل دستور یہی ہے کہ غالب کی زندگی معلوم کرنی ہے تو اس کے دیوان سے اخذ کرو کہ وہ شہر میں بے آبرو پھرا کرتے تھے۔ دھول دھپا اور پیش دستی کیا کرتے تھے۔ در کعبہ سے الٹے پھر آیا کرتے تھے۔ سیدھے نہیں۔ اور مرنے کے بعد بھی بولا کرتے تھے۔ کی مرے قتل کے بعد اس نے جفا سے توبہ۔۔۔ وغیرہ وغیرہ۔ ان صاحب نے لکھا ہے کہ علامہ اقبال ایک روز بازار سے نئی تہذیب کے کچھ انڈے لے کر آئے۔ ان کی بیوی آملیٹ بنانے بیٹھیں تو انہیں دوسرا مصرع پڑھنا پڑا۔

نئی تہذیب کے انڈے ہیں گندے۔

اس پر علامہ موصوف نے ترکی بہ ترکی یعنی مصرع بہ مصرع ہدایت کی کہ ان کو، اٹھا کر پھینک دو باہر گلی میں۔

یہ تحقیق یہاں ختم نہیں ہو جاتی۔ کیونکہ اتنی سی بات کو ہر عامی بھی سمجھ سکتا ہے۔ شارح موصوف کا کہنا ہے کہ شاعر کا گھر کسی گلی میں تھا۔ یہ شعر لازماً ان دنوں کا ہے جب علامہ مرحوم نے میوروڈ پر ابھی اپنی کوٹھی نہیں بنائی تھی۔ ورنہ وہ یہ فرماتے کہ اٹھا کر پھینک دو باہر سڑک پر۔ جناب محقق نے علامہ اقبال کی زبان میں نقص بھی دریافت کیا ہے کہ باہر کا لفظ زاید ہے کیونکہ گلی گھر کے اندر نہیں ہوتی۔ مزید لکھا ہے کہ ڈاکٹر صاحب کو ہر معاملے میں خوامخواہ اپنی رائے دینے کی عادت تھی ورنہ گندے انڈے کو گلی میں پھینکنے کا فیصلہ ان کی بی بی خود بھی کر سکتی تھیں۔

شارح موصوف نے یہ بھی لکھا ہے کہ یہ شعر علامہ اقبال مرحوم کے ابتدائے جوانی کا ہے۔ جب انہیں پہلوانی اور کسرت اور کرتب بازی سے دلچسپی تھی۔ وہ بھاری بھاری وزن کو اٹھا کر دو چار بار گردش دیتے تھے، پھر پھینکتے تھے۔ یہ ان کی عادت ثانیہ بن چکی تھی۔ اس لیے کہا ہے کہ اٹھا کر پھینک دو۔ صرف "پھینک دو" کہنا کافی نہیں سمجھا۔ معاملہ انڈوں ہی کا کیوں نہ تھا۔ ہمارے خیال میں اس شعر سے ابھی اور معنی نچوڑنے کی بھی گنجائش ہے۔ علامہ مرحوم کو اپنے باطن کی صفائی کی طرف زیادہ دھیان رہتا تھا۔ باہر کی صفائی کا کچھ خیال نہ کرتے تھے۔ ورنہ وہ یہ کبھی نہ فرماتے کہ انڈے اٹھا کر باہر گلی میں پھینک دو۔ انہیں کوڑے کے ڈرم میں پھینکنا چاہیے تھا۔ باہر کسی بھلے آدمی کی اچکن پر گر جاتے تو بڑا افضیحتا ہوتا۔ کچھ لوگ کہتے ہیں کہ ہماری قوم کو علامہ مرحوم کی ہر ہدایت پر آنکھ بند کر کے عمل کرنا چاہیے۔ ہماری رائے میں اپنی عقل کا واجبی استعمال بھی کر لینا چاہیے۔ تھوڑی احتیاط بھی لازم ہے۔ ہر خوشہ گندم کو جلانے، مر مر کی سلوں سے ناخوش و بیزار ہونے، اس رزق سے موت اچھی ہونے اور گندے انڈے گلی میں اٹھا کر پھینک دینے کے متعلق اشعار اس کی محض چند مثالیں ہیں۔

آج انڈوں کی طرف رہ رہ کر ہمارا دھیان جانے کی کئی وجہیں ہیں۔ ایک تو سردی دوسرے حکومت کا یہ اعلان کہ گوشت اور دودھ کی طرح انڈوں کی بھی قیمتیں مقرر کی جا رہی ہیں تاکہ مقررہ قیمتوں پر نہ ملیں۔ تیسرے شاد عارفی مرحوم کا ایک نادرہ کار شعر ہماری نظر سے گزرا ہے۔ صیاد اور قفس اور نشیمن کے مضمون بہت شاعروں نے باندھے ہیں۔ نئے رنگ اور نئے ڈھنگ سے بھی باندھے ہیں۔ خود علامہ اقبال مرحوم نے بھی ایک بلبل کی فریاد لکھی ہے۔ لیکن اس مضمون کے جملہ تعلقات پر کسی کی نظر نہیں گئی تھی۔ فرماتے ہیں شاد عارفی رام پوری،

انہیں بھی ساتھ لیتا جا، کہیں ٹکیاں بنالینا
ارے صیاد دو انڈے بھی رکھے ہیں نشیمن میں

انڈے کا مضمون تو ختم ہوا لیکن اپنے دوست عنقا کے شکریے کے ساتھ شاد عارفی مرحوم کے چند اور اشعار۔

تاچند باغبانیٔ صحرا کرے کوئی
لیکن سوال یہ ہے کہ پھر کیا کرے کوئی
جناب شیخ ہی اب رہ گئے ہیں لے دے کے
وہ دن گئے کہ کسی برہمن پہ چوٹ کروں
ستم گر کو میں چارہ گر کہہ رہا ہوں
غلط کہہ رہا ہوں مگر کہہ رہا ہوں

***

ذکر کاہلی کا

ہمارا شمار ان لوگوں میں ہے جن کا ذکر پطرس نے اپنے مضمون "سویرے جو کل آنکھ میری کھلی۔" میں کیا ہے۔ اگر یہ مضمون ہمارے ہوش سنبھالنے سے پہلے کا نہ ہوتا، اگر پطرس مرحوم کے نیاز بھی حاصل رہے ہوتے، تو یہی سمجھتے کہ انہوں نے یہ ہمارے بارے میں لکھا ہے۔ اٹھنا نمبر ایک اور اٹھنا نمبر دو ہمیشہ سے ہماری زندگی کا معمول رہے ہیں۔ یہ نہ سمجھا جائے کہ ہم نے پطرس کے ہیرو کی طرح سورج کو کبھی طلوع ہوتے دیکھا ہی نہیں۔ کئی بار دیکھا ہے۔ فلموں میں بڑا اچھا لگتا ہے۔

جوش اور جگر دونوں بڑے شاعر ہیں۔ لیکن ہمارا ذاتی رجحان ہمیشہ جگر کی طرف رہا ہے۔ شاعر کی وجہ سے نہیں بلکہ اس لیے کہ ہماری ہی طرح کے تھے۔ چرند پرند اور جوش ملیح آبادی کی طرح علی الصباح نہیں اٹھ بیٹھتے تھے۔ ارے بھئی وہی تو وقت چڑیوں کے چہچہانے کا ہوتا ہے۔ جو لوگ نور کے تڑکے چھڑی لیے باغ میں جا پہنچتے ہیں، وہ ان بے زبانوں کے معمولات میں مخل ہوتے ہیں۔ جگر صاحب سے بھی ہم کبھی نہیں ملے لیکن ایک بار ان کے قلم سے یا کسی اور کے قلم سے ہم نے پڑھا ہے کہ بھوپال میں ان لوگوں نے یعنی جگر صاحب اور ان کے دوستوں نے ایک انجمن الکھلا قائم کی تھی۔ کھلا، کاہل کی جمع ہے۔ جو جتنا بڑا ضدی اور خدائی خوار ہوتا تھا، اتنا ہی اس انجمن میں یا کلب میں ذی مرتبت سمجھا جاتا تھا۔ انجمن کے دفتر میں ایک قالین بچھا تھا۔ یہ لوگ وہاں پہنچ کر کھڑے کھڑے گر پڑتے تھے۔ کیونکہ کھڑے سے بیٹھنا اور بیٹھنے کے بعد لیٹنا ایک محنت طلب امر

ہے۔ ناحق کا تکلف ہے اور آداب کاہلی کے خلاف ہے۔ دن بھر یہ لوگ وہاں اپنی کاہلی کے نشے میں غین پڑے رہتے تھے۔ کبھی کبھار کوئی شخص آکر ان کے منہ میں پانی ڈال جاتا تھا۔

سچ یہ ہے کہ کاہلی میں جو مزہ ہے وہ کاہل ہی جانتے ہیں۔ بھاگ دوڑ کرنے والے اور صبح صبح اٹھنے والے اور ورزش پسند اس مزے کو کیا جانیں۔ ہائے کم بخت تونے پی ہی نہیں۔ دیکھیے ہمارے قبیلے میں کیسا کیسا آدمی ہوا ہے۔ غالب بھی "بیٹھے رہیں تصور جاناں کیے ہوئے" کے قائل تھے۔ میر صاحب یعنی میر تقی میر بھی اپنے حجرے میں قطب بنے بیٹھے رہتے تھے۔ کبھی اپنے حجرے کی کھڑکی بھی نہ کھولی۔ کیونکہ کھولنا بھی ایک طرح کا کام ہے بلکہ یہاں تک سنا ہے ادھر کبھی نظر اٹھاکر بھی نہ دیکھا تھا۔ ایک صاحب نے کہا، "میر صاحب یہ کھڑکی کھول لیا کیجیے۔ باہر کی ہوا آیا کرے گی۔ اور اس طرف باغ بھی ہے۔" حیران ہو کر بولے، "اچھا میرے کمرے میں کوئی کھڑکی بھی ہے۔"

میر اور غالب تو خیر پرانے زمانے کے آدمی تھے۔ ہمارے حکیم الامت شاعر مشرق علامہ اقبال کے متعلق بھی ہم نے کبھی نہیں پڑھا کہ چاق و چوبند آدمی تھے۔ یہی معلوم ہوا کہ تہمد باندھے چارپائی پر لیٹے رازی کے نکتہ ہائے دقیق پر غور کرتے رہتے تھے اور حقہ پیتے رہتے تھے۔ اس صبح خیز طبقے نے کوئی اتنا بڑا شاعر پیدا کیا ہو تو ہمیں اس کا نام بتایئے۔ تعارف کرایئے۔ ہمیں یاد پڑتا ہے مرزا محمد رفیع سودا نے جو دلی کے چوروں پر مثنوی لکھی ہے، اس میں صبح اٹھنے والوں کو کچھ اچھے لفظوں میں یاد نہیں کیا۔ ملا مسجد کا صبح خیز یا ہے۔ ایسا ہی کوئی مصرعہ ارشاد کیا ہے۔ جس کا مطلب یہ ہے کہ یہ بھی ان کا یعنی ایسی مثنوی کے ممدوحوں کا ساتھی ہے۔

یہ جان کر خوشی ہوئی کہ اہل مغرب میں سارے لوگ موجد اور سائنس داں ہی

نہیں ہیں بلکہ بہت سے ہمارے قبیلے کے ہیں۔ بلکہ ایسے کہ ہمارے قبیلے کے لیے باعث نازش۔

ایک اخبار میں پڑھا کہ وہاں کاہلوں کے باقاعدہ کلب ہیں جن میں کاہل لوگ بوجہ کاہلی کبھی نہیں جاتے۔ جو شخص چلا جائے اسے مستعد جان کر اس کا نام کاٹ دیا جاتا ہے۔ ہم نے جوش ملیح آبادی صاحب کا وہ نظام اوقات پڑھا کہ فلاں وقت سے فلاں وقت تک یہ باغ میں ملے گا۔ اور فلاں وقت اسے مے خانہ میں تلاش کیجیے۔ اور فلاں وقت نہ جانے کہاں۔ اس کلب والوں نے جن کا نام BORN-TIRED-ASSOCIATION یعنی پیدائشی تھکے ماندوں کی انجمن ہے، مثالی زندگی کا نظام اوقات یہ مقرر کیا ہے کہ چوبیس میں سے دس گھنٹے تو سونا ہی چاہیے۔ باقی رہے چودہ گھنٹے ان میں آٹھ گھنٹے آرام کے لیے وقف رہنے چاہئیں یعنی آدمی لیٹا اکڑ تار ہے۔ کچھ کام نہ کرے۔

باقی رہے چھ گھنٹے اس میں سے چار گھنٹے کھانے کے لیے وقف رہنے چاہئیں۔ کھانا اور جگالی کرنا بھی تو ایک زندگی کی عشرتوں میں سے ہے۔ نوالے زہر مار کرنا تو کھانے کی تعریف میں نہیں آتا۔ باقی رہے دو گھنٹے۔ یہ انجمن تو ان میں بھی کسی قسم کے کام کا ٹنٹا پسند نہیں کرتی لیکن خیر کوئی ان میں کام کرنا چاہے تو اعتراض بھی نہیں کرتی۔ ہمارے خیال میں تو اس میں سے بھی کچھ وقت نہانے شیو کرنے اور حاجات ضروریہ اور غیر ضروریہ کی مد میں نکل جاتا ہے۔ بشرطیکہ یہ مغرب کے کاہل لوگ ان تکلفات کو ضروری سمجھیں۔

یاد رہے کہ اس کلب کے ۳۵ ہزار ممبر ہیں۔ سچ یہ ہے کہ ہمیں تو انجمن سازی بھی تکلف اور کاہلی کے اصولوں کے منافی معلوم ہوتی ہے۔ فارم بھرنا، فیس دینا، دستخط کرنا وغیرہ۔ ایک بار تین کاہلوں میں مقابلہ ہوا تھا کہ ہر شخص اپنی اپنی کاہلی کا کوئی قصہ سنائے

جو سب سے زیادہ کاہل ہو وہ انعام پائے۔ ایک نے اپنا قصہ بیان کیا کہ بیر کو اٹھا کر منہ میں ڈالنے کے لیے بھی کسی راہ گیر کی خدمات حاصل کیں۔ دوسرے نے اس سے زیادہ دوں کی لی۔۔۔ تیسرے کے سامنے شمع پہنچی تو بولا یارو! قصے تو کئی ایک ہیں۔ لیکن کون سنائے؟ پس انعام کا حق دار یہی تیسرا ٹھہرا۔

ہمارے ہاں کلب کا مطلب صرف نائٹ کلب سمجھا جاتا ہے۔ یا شراب نوشی اور رقص و تفریح کا اڈہ۔ یہ بات نہیں۔ مغرب کے ملکوں میں شام کو گھر میں گھسے بیٹھے رہنا اچھا نہیں سمجھا جاتا۔ ایران اور ترکی تک میں لوگ شام اترتے ہی سیر و تفریح کے لیے نکل پڑتے ہیں۔ اور شام کا چوگا بھی باہر ہی کھاتے ہیں۔ جو کلبوں کے ممبر ہیں، وہ وہاں جا کر کچھ کھیلتے ہیں۔ کچھ پڑھتے ہیں۔ کچھ گپ کرتے ہیں۔ مغرب میں پینا پلانا بھی آدابِ زندگی میں داخل ہے۔ لہٰذا پی بھی لیتے ہیں اور کبھی کبھار زیادہ بھی پی لیتے ہیں۔ بعض تو اپنے پاؤں چل کر گھر پہنچ جاتے ہیں۔ بعض کو ڈنڈا ڈولی کر کے لانا پڑتا ہے۔

آپ میں سے بہت سوں نے رابرٹ لوئی اسٹیونسن کی کہانی "خودکشی کا کلب" پڑھی ہوگی۔ مولانا عبدالمجید سالک نے اسی نام سے اس کا ترجمہ کیا تھا۔ اس کلب کے ممبر بننے والے اپنی جان سے بیزار بے شک ہوتے تھے لیکن اپنی جان آپ لیتے ڈرتے تھے۔

خودکشی کے لیے ہمت چاہیے۔ اس کلب کا کام ان کی بے ضرر موت کا انتظام کرنا ہوتا تھا۔ اخبار میں آتا تھا کہ فلاں شخص کار کے نیچے آیا اور مر گیا۔ فلاں دریا میں ڈوبا پایا گیا، شاید مخموری میں پل سے گزر رہا تھا۔ پاؤں رپٹ گیا۔ کسی کے ساتھ کوئی اور حادثہ گزرا۔

لیکن اصل میں یہ سارے اس کلب کے کارنامے ہوتے تھے۔ خیر وہ تو ایک قصہ تھا۔ ہمیں معلوم نہیں خودکشی کے کلب سچ مچ ہوتے ہیں یا نہیں ہوتے لیکن اسی طرح

ایک کہانی سر آرتھر کانن ڈائل کی بھی ہے جس میں شرلاک ہومز صاحب اپنا کارنامہ دکھاتے ہیں۔ اس کا نام ہے "لال سر والوں کی انجمن۔" صرف سرخ بالوں والے اس کی خدمات سے متمتع ہوسکتے تھے۔ شرلاک ہومز کے تفتیش کرنے پر یہ سارا کارخانہ فراڈ ثابت ہوا۔ لیکن گنجوں کے کلب واقع ہیں۔

* * *

آپ سے ملیے

آپ سے ملیے۔ آپ کا اسم شریف ہے حکیم محمد شریف، رسالہ شرافت کے ایڈیٹر ہیں۔ پہلے امرتسر میں شریف پورہ میں رہتے تھے۔ آج کل لالو کھیت سے آگے شریف آباد میں قیام ہے۔ معجون شرافت اور شرافت منجن سے کراچی کا کون شریف آدمی واقف نہ ہو گا۔ کسی کو شرف ملاقات حاصل کرنا ہو تو پتہ سیدھا ہے۔ بستی میں داخل ہوتے ہی شریفے کے پیڑوں کا ایک جھنڈ نظر آئے گا۔ اسی کے ساتھ کوچہ شریفاں میں شرافت منزل سامنے نظر آئے گی۔

یہ زمانہ شرافت کا نہیں۔ چوری کہیں بھی ہو، سب سے پہلے پکڑ دھکڑ ہمارے حکیم صاحب کی ہوتی ہے۔ اتفاق ایسا ہوا کہ ایک آدھ بار تلاشی ہوئی تو ان کے ٹرنکوں سے ایسا مال برآمد ہوا جس کے متعلق حکیم صاحب کو کچھ یاد نہیں کہ کب خریدا تھا۔ کہاں سے خریدا تھا۔ انہوں نے بہت کہا کہ ان ٹرنکوں کی کنجیاں ہمیشہ میرے ازاربند سے بندھی رہتی ہیں۔ جانے کس بدمعاش نے کیسے ان کو کھول کر یہ مال مجھے بدنام کرنے کے لیے ان میں رکھ دیا۔ لیکن پولیس والے کب کسی شریف آدمی کا لحاظ کرتے ہیں۔

بعض لوگ جو ہندوستان سے آئے ہیں، بڑی بڑی ہانکا کرتے ہیں کہ میں وہاں یہ تھا وہ تھا۔ حکیم صاحب کی طبیعت میں انکسار ہے۔ لہٰذا انہوں نے پاکستان آنے کے بعد یہاں ڈھنڈورا پیٹنا مناسب نہ سمجھا کہ وہ بھارت میں کیا تھے۔ کس حیثیت کے مالک تھے۔ آج جب کہ بڑے بڑے سیاسی لیڈر اپنے جیل جانے کا تذکرہ کرتے نہیں تھکتے خواہ وہ رات کی

رات جیل میں رہے ہوں اور غلط فہمی رفع ہوتے ہی رہا کر دیے گئے ہوں، حکیم صاحب کا اپنے لب سیے رکھنا اور کسی سے ذکر نہ کرنا کہ وہ تین بار کئی سال کی قید کاٹ چکے ہیں بڑے ظرف کی بات ہے۔ حب وطن کا جذبہ ان میں ایسا تھا کہ کبھی انگریز کے قانون کی پروانہ کی۔ ایک بار نقب لگاتے پکڑے گئے۔ انہوں نے بے خوفی سے اعلان کیا کہ انگریزوں کو زچ کرنے کے لیے ہر وطن دوست کا فرض ہے کہ نقب لگائے یا کسی اور طرح قانون شکنی کرے۔

دوسری بار انہوں نے انگریزوں کے بنائے ہوئے قانون شہادت کی خلاف ورزی کی تو غیر ملکی حکومت نے انہیں جھوٹی گواہی دینے کے الزام میں جیل بھیج دیا۔ حالانکہ حکیم صاحب کا کہنا تھا کہ میں نے تو ترک موالات کے تحت دیدہ دانستہ سچ بولنے سے اغماض کیا تھا۔ انگریزوں کی نظر میں ہمیشہ کھٹکتے رہے۔ ایک بار گاڑی میں سفر کر رہے تھے۔ ایک انگریز بھی اسی ڈبے میں تھا۔ تھوڑی دیر میں اس نے شور مچا دیا کہ میری گھڑی کہاں گئی۔ سبھی نے تلاش کرنا شروع کیا۔ حکیم صاحب نے بھی ڈبے کے ایک ایک آدمی کی تلاشی لی اور ڈرایا دھمکایا لیکن کسی نے اقبال جرم نہ کیا۔ اس بد تمیز انگریز نے بجائے اس کے کہ ان کا شکریہ ادا کرتا، ان کی تلاشی لینے پر اصرار کیا۔ اور سوئے اتفاق سے وہ گھڑی ان کی جیب سے نکلی۔ وہاں کیسے چلی گئی۔ حکیم صاحب آج تک حیران ہیں۔ نہ یہ گھڑی کا عقدہ آج تک حل ہوا، نہ یہ کہ ان کی دوسری جیب سے ایک اور مسافر کا جو فونٹن پین نکلا وہ کیسے وہاں آگیا۔

(۲)

میر رئیس الدین کا تعارف ہم سے ہمارے دوست میاں نیک محمد نے کرایا تھا۔ نیک محمد صاحب کا سا نیک نفس آدمی کہیں نہ ملے گا۔ نہ کسی کی برائی کر سکتے ہیں نہ سن سکتے ہیں۔

ایک بار کسی نے ان کے سامنے شیطان کو برا کہہ دیا تھا۔ اس کے پیچھے پنجے جھاڑ کر پڑ گئے کہ شیطان کو برا کیوں کہو اچھا مرے آگے، اس کے خوبیوں پر بھی نگاہ کرو۔ دنیا کے اتنے آدمی اس کے ہاتھ پر بیعت ہیں۔ اس کے نام کا کلمہ پڑھتے ہیں تو یہ بے وجہ نہیں ہو سکتا، ضرور اس میں کچھ خوبیاں بھی ہوں گی۔ میر صاحب کا تعارف کراتے ہوئے میاں نیک محمد نے کہا کہ انہیں اپنے ہاں نوکر رکھ لیجیے۔ ضرورت مند ہیں۔ ہندوستان میں تھے تو پوتڑوں کے رئیس تھے۔ در پر ہاتھی جھولتے تھے اور ان کا دستر خوان بہت وسیع تھا۔ آج اس حال میں ہیں ورنہ ان کا قلم ہزاروں پر چلتا تھا۔

میاں نیک محمد صاحب کی ایک نیکی یہ ہے کہ جھوٹ کبھی نہیں بولتے۔ لہٰذا میر صاحب کو ہم نے اپنی کمپنی میں منشی رکھ لیا۔ لیکن چند ہی روز میں ان کی خوبیاں ہم پر کھلنے لگیں تو ہم نے میاں نیک محمد سے کہا کہ سودا جو تیرا حال ہے ایسا تو نہیں وہ، کیا جانیے تو نے اسے کس آن میں دیکھا۔ آپ تو انہیں پوتڑوں کا رئیس بتاتے تھے۔ بولے تم ادیب آدمی ہو۔ میری بات کو محاورہ سمجھے۔ بھئی ہم نے تو ہمیشہ ان کے گھر میں پوتڑے سوکھتے دیکھے۔ اس لحاظ سے کہا تھا۔ اب ہم نے کہا۔ وہ دروازے پر ہاتھی جھولنے والی بات؟ فرمایا۔ ہمارے میر صاحب کا دولت خانہ کانپور میں چڑیاگھر کے پاس تھا۔ وہاں سے ہاتھی مٹر گشت کرتے ہوئے آنکلتے اور ان کے گھر کے سامنے آکر جھومنے لگتے۔ انہوں نے کئی بار چڑیاگھر والوں سے شکایت بھی کی کہ ان کو باندھ کر رکھا کیجیے۔ میرے گھر کے سامنے آکر گندگی پھیلاتے ہیں۔

ہم نے بات کاٹ کر کہا۔ آپ نے یہ بھی فرمایا تھا کہ ان کا دستر خوان بڑا وسیع تھا۔ ہم نے تو ایسا ندیدہ اور خسیس آدمی کبھی نہ دیکھا۔ فرمایا، اس بات کو بھی آپ استعارے میں لے گئے تو میرا کیا قصور، بے شک جزرس آدمی ہیں۔ آج تک کبھی دستر خوان نہ

خریدا۔ بستر کی چادر سے دستر خوان کا کام لیتے تھے اور اس کے ایک طرف اکیلے بیٹھ کر چٹنی سے روٹی کھاتے تھے۔ آخر میں ہم نے کہا۔ وہ جو آپ نے کہا تھا کہ ہزاروں پر ان کا قلم چلتا تھا۔ اس کا مطلب بھی کچھ دوسرا ہی ہو گا۔ بولے، وہ بھی کچھ جھوٹ نہیں۔ ہمارے میر صاحب ڈاک خانے کے سامنے بیٹھ کر لوگوں کے منی آرڈر لکھا کرتے تھے۔ جانے کتنے ہزار روپے روز کے منی آرڈر ان کے ہاتھ سے نکلتے ہوں گے۔

(۳)

"یہ میرے دوست ہیں۔ بہت شریف آدمی ہیں۔۔۔ آپ کی فرم میں جگہ مل سکے تو۔۔۔"

"کس قسم کی جگہ؟"

"منشی رکھ لیجیے۔ جو شاندے کوٹنے چھاننے کا تجربہ رکھتے ہیں لہٰذا آپ کے ہاں میڈیکل افسر بھی ہو سکتے ہیں۔ علم نجوم میں بھی دخل ہے۔ آپ کے اسٹاف کے ہاتھ دیکھ دیا کریں گے۔"

"کیا نام ہے؟"

"سید فصاحت حسین!"

"والد کا نام؟"

"جے کے جنجوعہ۔ جھنڈے خاں جنجوعہ۔"

"کیا کرتے ہیں ان کے والد؟"

"جی ان کے والد زندہ ہوتے تو ان کو کام کرنے کی ضرورت تھی۔ بیچارے یتیم ہیں۔ ان کے والد ان کی پیدائش سے کئی سال پہلے فوت ہو گئے تھے۔"

"والدہ؟"

"جی ان کا سایہ بھی ان کی پیدائش سے دو سال قبل ان کے سر سے اٹھ گیا تھا۔"

"اور رشتہ دار تو ہوں گے؟"

"جی نہیں اور رشتہ دار بھی کوئی نہیں کیونکہ ان کے دادا لاولد مرے اور پر دادا نے شادی ہی نہیں کی تھی۔ یہ تنہا ہیں اس بھری دنیا میں۔"

"کیا کرتے ہیں؟"

"حال ہی میں سات سال کی طویل اقامت کے بعد جیل سے رہا ہوئے ہیں۔ وہ تو اب آ کر ان پر وقت پڑا ہے تو نوکری تلاش کر رہے ہیں۔ ورنہ روپیوں میں کھیلتے تھے۔"

"کیا کرتے تھے؟"

"بس دست کاری۔ اپنے ہاتھ کی محنت کا کھاتے تھے۔ اپنے فن میں وہ دست گاہ بہم پہنچائی تھی کہ بڑے بڑے ان کے آگے کان پکڑتے تھے۔ وہ تو ان کا ایک شاگرد کچا نکل گیا۔ اوچھا ہاتھ پڑا اس کا۔ بٹوے میں سے کچھ نکلا بھی نہیں اور اس کی نشاندہی پر فصاحت صاحب مفت میں پکڑے گئے۔"

"ہمارے ہاں نوکری کے لیے چال چلن کے سرٹیفکیٹ کی ضرورت پڑتی ہے۔"

"وہ ہم داروغہ جیل سے لے لیں گے۔ نیک چلنی کی بنا پر ان کو سال بھر کی چھوٹ بھی تو ملی تھی۔ اس کا سرٹیفکیٹ بھی موجود ہے۔"

"تعلیم کہاں تک ہے؟"

"اجی تعلیم، یہ آج کے اسکولوں کالجوں میں جو پڑھایا جاتا ہے وہ تعلیم ہوتی ہے کیا؟ ہم نے بڑے بڑے میٹرک پاسوں اور ڈگریوں والوں کو دیکھا ہے۔ گنوار کے گنوار رہتے ہیں۔"

"اچھا تو فصاحت حسین صاحب آپ عرضی لائے ہیں نوکری کے لیے؟"

"جی لایا ہوں یہ لیجیے۔"

"پڑھ کر سنائیے۔"

"جی میں عینک گھر بھول آیا ہوں۔"

"اچھا تو دیجیے۔ اس پر دستخط تو آپ نے کیے ہی نہیں۔ اور یہ کیا سیاہی کا دھبہ ڈال دیا ہے درخواست کے نیچے۔"

"حضور یہ دھبہ نہیں ہے۔ میرا نشان انگشت ہے۔ دیکھیے نا بات اصل میں یہ ہے کہ۔۔۔"

***

ہم مہمان خصوصی بنے

آج کل کراچی کے کالجوں اور اسکولوں میں مباحثوں اور یوموں کا موسم ہے۔ سکہ بند مہمان خصوصی کو دن میں دو دو درس گاہیں بھگتانی پڑ رہی ہیں۔ صبح کہیں ہے شام کہیں۔ ہمارے ایک بزرگ تو مدرسہ رشیدیہ حنفیہ میں ایلورا اور اجنتا کی تصویروں پر اظہار خیال کر آئے کیونکہ اپنے ساتھ غلطی سے شام والی تقریر لے گئے تھے۔ اس کی تلافی کے لیے اس شام انہیں ماڈرن آرٹ کالج میں حضرت ابوہریرہؓ کی زندگی اور حدیثوں میں اسمائے رجال کی اہمیت پر بولنا پڑا۔ اس شہر میں چالیس پچاس کالج ہوں گے اور سیکنڈری اسکول بھی بہت ہیں۔ لیکن سب ہمارے دیکھتے دیکھتے لوگوں میں تقسیم ہوگئے۔ ہم بالکل ہی مایوس ہوگئے تھے کہ ایک اسکول والوں کا فون آیا کہ کل ہمارے ہاں جلسہ ہے، مہمان خصوصی آپ ہوں گے۔

"کس قسم کا اسکول ہے آپ کا؟" ہم نے پوچھا۔ جواب ملا کہ پرائمری اسکول ہے۔ ہم نے کہا، جب اس شہر میں اتنے سارے پرائمری پاس مہمانان خصوصی موجود ہیں تو ہمارا صدارت کرنا کچھ عجیب سا معلوم ہوگا۔ ہم یوں بھی درویش گوشہ نشین آدمی ہیں، انکسار ہماری طبیعت میں داخل ہے۔ کسی اور کو۔۔۔ لیکن ہمارا یہ عذر مسموع نہ ہوا۔ ہم نے بھی اس سے زیادہ عذر اور انکار مناسب نہ جانا جتنا کہ کسی مہمان خصوصی پر اخلاقاً واجب ہے تاکہ کسی اور کو نہ بلالیں۔ لہٰذا ہتھیار ڈال کر کہا۔ اچھا صاحب۔ آپ لوگ مجبور کرتے ہیں تو حاضر ہوجائیں گے کیونکہ قومی خدمت اور تعلیم کے فروغ کا معاملہ ہے

ورنہ من آنم کہ من دانم۔

ہم کوئی عادی قسم کے مہمان خصوصی نہیں ہیں۔ ہر کوئی ممتاز حسن ہو بھی نہیں سکتا کہ بحر معنی کا شناور ہو۔ جدھر چاہے بے تکلف تیر تا نکل جائے۔ ممتاز صاحب میں مروت اس قدر ہے کہ کسی سے انکار نہیں کرتے۔ ان کا سیکریٹری اپنی ڈائری میں نوٹ کرتا جاتا ہے کہ کس روز کس وقت جلسہ ہے۔ اور وقت کے وقت یاد دلاتا ہے۔ بعض اوقات تو یہ بات بھی نوٹ ہونے سے رہ جاتی ہے کہ جلسہ کس کی طرف سے ہے اور کس تقریب میں ہے۔ ممتاز حسن صاحب جب موقع پر پہنچتے ہیں تب پتہ چلتا ہے کہ انہیں فارابی کے فلسفے کے بارے میں بولنا ہے یا چیمبر آف کامرس کے ممبروں سے مشرق وسطیٰ کو کھالوں کی برآمد کے امکانات پر گفتگو کرنی ہے۔ خیام سوسائٹی کی سال گرہ کے سالانہ جلسے کی انہیں پیشگی اطلاع نہ تھی۔ انہیں جلسہ گاہ میں پہنچ کر معلوم ہوا۔ تاہم وہ تین گھنٹے تک اس موضوع پر بولتے رہے کہ خیام کے جو ترجمے جاپانی اور آرمینی زبانوں میں ہوئے ہیں، ان میں کیا کیا لغزشیں ہوئیں، اسی سلسلے میں انہوں نے نظام الملک طوسی، بائرن، کالی داس اور بلھے شاہ کے ہم معنی اشعار بھی سنائے۔

شام کو انہیں ریڈیو پر فن پہلوانی کی تاریخ اور رموز کے موضوع پر لکچر دینا پڑا اور اسی رات کو ٹی وی پر راگ جے جے ونتی کا موازنہ بیتھوون کی چودھویں سمفنی اور پنجابی کے مقبول گیت، موڑیں بابا ڈانگ والیا، سے کیا۔ اگلے روز ہومیو پیتھوں کے سالانہ جلسے کا افتتاح بھی انہوں نے کیا اور صدارتی خطبہ ارشاد فرمایا۔ بعد میں ہومیو پیتھی کالج کے پرنسپل نے ہمیں بتایا کہ ممتاز صاحب نے آرنیکا اور فارمیکا کے جو خواص بتائے ہیں اور ان دواؤں کا رشتہ جوارش جالینوس اور سدھ مکر دھوج سے ثابت کیا ہے، وہ ہمارے لیے بالکل نئی معلومات ہیں۔ یہی رائے ہم نے ڈائریکٹر محکمہ زراعت سے سنی جنہیں ممتاز

صاحب نے اپنے تجربات کی روشنی میں بتایا کہ شکرقندی کی فصل کے لیے کون سی کھاد زیادہ مفید رہتی ہے اور قدیم بابل میں میکسی پاک گندم کی کاشت کس طرح کی جاتی تھی۔

ہاں ہم ایسوں کو کچھ نہ کچھ پیشگی تیاری کی ضرورت پڑتی ہے۔ لہٰذا جہاں ہم نے قمیص کو کلف لگوایا، جوتا پالش کیا، سوٹ استری کرایا، وہیں ایک تقریر بھی سوچ لی کہ تعلیمی کاموں کے لیے ہم گلے گلے حاضر ہیں اور پرائمری تعلیم سے ہمیں پرانی دلچسپی بلکہ ایک زمانے میں تو پرائمری کلاسوں کے طالب علم بھی رہ چکے ہیں۔ اور یہ کہ آج کل کے بچوں کو ہماری تقلید کرنی چاہیے۔ یعنی خدمت قوم کا جذبہ اپنے میں پیدا کرنا چاہیے اور ایثار سیکھنا چاہیے اور اچھی اچھی باتیں کرنی چاہئیں اور بری بری باتیں چھوڑ دینی چاہئیں، تاکہ ہمارا پیارا پاکستان ترقی کرے وغیرہ۔ اتفاق سے ہمیں اپنی اس تقریر کا مسودہ مل گیا جو ہم نے پارسال ہاکرز کنونشن میں کی تھی اور ذرا سی ترمیم کر کے لائبریری ایسوسی ایشن کے جلسے میں بھی استعمال کر چکے تھے۔ یہ اس موقع کے لیے بھی برمحل نظر آئی کیونکہ قومی خدمات اور تہذیب اخلاق وغیرہ کوئی ہاکروں اور لائبریرین حضرات کا اجارہ تھوڑا ہی ہیں۔ یہ بات طالب علموں میں بھی پیدا ہو جائے تو ہرج کی بات نہیں۔

مطالعے کی وسعت اور علم کی گہرائی بڑی اچھی چیزیں ہیں۔ لیکن ایک قباحت کا پہلو بھی ان میں ہے۔ ہماری ہی مثال لیجیے۔ اتنے بہت سارے خیالات اور نکات ایک ساتھ ہمارے ذہن میں ہجوم کر آتے ہیں کہ ان کے گچھے سے بن جاتے ہیں اور حلق میں اٹک جاتے ہیں۔ ادب، فلسفہ۔ طب، تاریخ، جغرافیہ، کسی کو نظر انداز کرنے کو جی نہیں چاہتا اور پھر وہ تمام اشعار بھی موقع بہ موقع استعمال کرنے ہوتے ہیں جو ایک سلپ پر لکھے ہماری جیب میں رہتے ہیں۔ ہمارے پاس فالتو وقت ہو تو ان کو چھانٹ کر قرینے سے ترتیب بھی دیں۔ لیکن جلسے کرنے والوں کو عموماً جلدی ہوتی ہے۔ دریوں اور تمبوؤں

والے تیار کھڑے رہتے ہیں کہ کب جلسہ ختم ہو، کب سامان ریڑھے پر لادیں۔ ادھر چائے ٹھنڈی ہو رہی ہوتی ہے اور بعض لوگ جن کو اپنے اعصاب پر قابو نہیں ہوتا، اپنی جماہیوں کو بھی مزید نہیں روک پاتے۔

سو اس آپا دھاپی کے عالم میں ہم باتیں تو ساری کہہ گزرتے ہیں اور شعر بھی قریب قریب سارے استعمال کر لیتے ہیں لیکن اتنی مین میکھ ممکن نہیں ہوتی کہ مختلف مسائل کا آپس میں جوڑ ملائیں یا اشعار اور موضوع کا ربط دیکھیں۔ سامعین میں سے سمجھنے والے خود ہی اندازہ کر لیتے ہیں کہ کون سا شعر دراصل کون سے مضمون سے متعلق سمجھنا چاہیے اور جو مسائل بیان کیے گئے ہیں ان کی اصل ترتیب کیا ہے۔ لیکن سبھی لوگ تو ایسے نکتہ شناس نہیں ہوتے۔ سطحی مذاق کے سامعین اگر ہماری تقریر کو بے ربط اور الجھی ہوئی خیال کریں تو ہمارے نزدیک قابل معافی ہیں۔ فکر ہر کس بقدر ہمت اوست۔

اگر معاملہ کالج یا یونیورسٹی کا ہوتا تو ہم بہت سے مباحث چھوڑ جاتے۔ یہ فرض کر لیتے کہ ان عزیز طالب علموں کو یہ باتیں پہلے سے معلوم ہیں۔ لیکن پرائمری کے بچوں کو ہر چیز قدرے تفصیل سے سمجھانی چاہیے اور یہی ہم نے کیا۔ کون نہیں جانتا کہ آج کل ہمارا سب سے بڑا مسئلہ افراط زر ہے اور زر مبادلہ کی کمی ہے۔ ہمیں اپنی برآمدی تجارت کو بڑھانا چاہیے۔ قدر تاًسب سے پہلے ہم نے موزوں الفاظ میں اس مسئلے کا ذکر کیا اور کسی شاعر کے اس شعر پر بات ختم کی۔

اقبال تیرے عشق نے سب بل دیے نکال
مدت سے آرزو تھی کہ سیدھا کرے کوئی

امابعد جنوبی افریقہ کی سیاست اور قبرص کے قضیے اور موسیقی کے باب میں حضرت امیر خسرو کی خدمات اور ابن رشد کے فلسفے اور سیم تھور کی طرف توجہ کرنے کی ضرورت

پر زور دیا۔ اسی میں ہمارے سفر یورپ کے کچھ تاثرات بھی آ گئے۔ اور خلفائے راشدہ کے عہد کی تعریف بھی۔ ایسی تقریریں بالعموم خشک ہوتی ہیں لہٰذا ہم ساتھ ساتھ پانی بھی پیتے گئے اور یہ شعر پڑھ کر جو اس وقت یاد نہیں کس کا ہے ان مسائل کو بھی سمیٹا،

میر ان نیم باز آنکھوں میں
ساری مستی شراب کی سی تھی

یہاں سے گریز کر کے ہم ان مسائل ضروری کی طرف آئے جن کا ذکر اوپر کیا ہے، خدمت خلق، راست بازی، ایثار کی ضرورت وغیرہ۔ ہم اور بھی بولتے اگر سیکرٹری صاحب چٹ نہ بھیج دیتے کہ آج کی حد تک یہی کافی ہے۔ اب آپ تھک گئے ہوں گے۔ آخر ہم خدائے سخن، لسان العصر، فردوسی اسلام، استاد ذوق رحمتہ اللہ علیہ کے اس مصرع پر بات ختم کر کے بیٹھ گئے،

جو ہو ذوق یقیں پیدا تو کٹ جاتی ہیں زنجیریں

اس تقریر پر بہت جگہ تالیاں پٹیں۔ اکثر تو ہمیں بے موقع معلوم ہوئیں۔ کچھ طالب علموں نے منہ میں انگلیاں دے کر سیٹیاں بجائیں جیسی سینماؤں میں معیاری اور سنجیدہ فلموں پر اظہار پسندیدگی کے لیے بجائی جاتی ہیں۔ بعضوں نے بنچ بجائے اور فرش پر پاؤں سے مسلسل تھاپ دی۔ لیکن ہمارے نزدیک اس میں ہماری کچھ خوبی نہیں۔ کسی نے سچ کہا ہے کہ قبول سخن خداداد چیز ہے۔ ہم نے اپنی تقریر میں جو زور راست بازی کی خوبیوں پر دیا تھا، اس کا اثر تو فوراً ظاہر ہوا۔ سیکرٹری صاحب نے آخر میں شکریے کی تقریر کی تو اس میں حاضرین کو بتایا کہ اصل میں صدارت کے لیے ہم نے ڈپٹی کمشنر صاحب کو بلایا تھا چنانچہ اعلان اور دعوت ناموں میں انہی کا نام ہے۔ لیکن ایک دن پہلے انہوں نے انکار کر دیا۔ ہم نے کچھ اور لوگوں سے رجوع کیا۔ ہر ایک نے کچھ نہ کچھ عذر کیا۔ آخر

انشاء اللہ خاں انشاء اللہ صاحب مل گئے۔ ان کی ذات محتاج تعارف نہیں۔ ان کی غزلیں اسکولوں کے نصابوں میں داخل ہیں۔ کمر باندھے ہوئے چلنے کو یاں سب یار بیٹھے ہیں وغیرہ۔

اس موقع پر ایک صاحب لپک کر آئے اور ان کے کان میں سرگوشی کی کہ ارے انشاء اللہ خاں انشا کو مرے تو بہت دن ہوئے۔ یہ آج کل کے ادیب ہیں۔ ابھی زندہ ہیں۔ سیکرٹری صاحب سے غلطی تو ہوگئی تھی لیکن انہوں نے کھنکار کر صورت حال کو بڑی خوبصورتی سے سنبھال لیا۔ فرمایا، "ہاں تو میں کہہ رہا تھا کہ ہمارے مہمان گرامی کی ذات ستودہ صفات کسی تعارف کی محتاج نہیں۔ یہ آج کل کے ادیب ہیں اور ابھی زندہ ہیں۔ انہوں نے بہت سے ناول لکھے ہیں۔ ڈرامے لکھے ہیں جو گھر گھر میں پڑھے جاتے ہیں۔ بہر حال ڈپٹی کمشنر صاحب کے نہ آنے کا ہمیں افسوس ہے۔ اور آپ کا (یہاں رک کر انہوں نے ایک صاحب سے ہمارا صحیح نام پوچھا) یعنی ابن انشاء صاحب کا ہم شکریہ ادا کرتے ہیں کہ باوجود اپنی مصروفیات کے یہاں تشریف لائے۔ حاضرین سے ہم معذرت خواہ ہیں کہ صدارتی تقریر کی وجہ سے جلسہ ذرا طویل ہوگیا اور انہیں سواری حاصل کرنے میں ذرا دقت ہوگی۔ بہر حال اب جلسہ ختم ہے۔ شکریہ۔ خدا حافظ۔"

ایک زمانہ تھا کہ معاشرے میں شاعر ادیب کی کچھ حیثیت نہ تھی۔ پھرتے تھے میر خوار کوئی پوچھتا نہ تھا۔ غالب جیسے بھی ڈپٹی کمشنروں کی شان میں قصیدے لکھتے اور ان کے دربار میں کرسی پانے پر فخر کرتے مر گئے۔ بارے اب ان کے بھاگ کھلے اور یہ ڈپٹی کمشنروں کے نعم البدل قرار پائے۔ پرانا زمانہ ہوتا تو ڈپٹی کمشنر کے انکار کرنے پر تحصیلدار صاحب کو تکلیف دی جاتی۔ وہ نہ ملتے تو تھانیدار صاحب مل جاتے اور بی ڈی کے چیئرمین تو کہیں گئے نہیں۔ اب سب کو نظر انداز کر کے کسی خالی خولی ادیب کو بلانا اور کرسی

صدارت پر بٹھانا ایک بڑی بات ہے۔ اب بھی کوئی کہتا پھرے کہ ہمارے ہاں علم یا اہل علم کی قدر نہیں تو حیف ہے۔ دوسرا نکتہ یہ ہے کہ جب ڈپٹی کمشنر کی جگہ شاعر ادیب استعمال ہو سکتا ہے تو اس بات کی راہ بھی کھل گئی ہے کہ ہم کسی مشاعرے میں نہ جاسکیں تو جلسے والے کسی ڈپٹی کمشنر سے غزل پڑھوالیں۔ ہمارے لیے تو غزل وزل کہنا مشکل بھی ہے۔ ان لوگوں کے لیے مشکل بھی نہیں۔ اپنے پی اے یا کسی ماتحت افسر سے کہہ دیا کہ، "ڈرافٹ پیش کرو اور ہمارا تخلص ڈال دینا، ہم دستخط کر دیں گے اور ہاں الفاظ مشکل نہ ہوں اور ذرا خوشخط لکھی ہوئی ہو۔"

* * *

خطبۂ صدارت حضرت ابن انشاء

پچھلے دنوں ایک کتاب چھپی ہے، "چلتے ہو تو چین کو چلیے۔" اس کے فاضل مصنف کا کیا عمدہ قول ہے کہ انسان کی صحیح قدر اس کے وطن سے باہر ہی ہوتی ہے جہاں اس کی اصلیت جاننے والا کوئی نہیں ہوتا۔ سفر وسیلۃ الظفر کا مطلب بھی شاید یہی ہے۔ ان صاحب کا جب چین میں تعارف کرایا گیا کہ یہ اپنے ملک کے نامی گرامی ناول نویس ہیں اور فسانہ آزاد، گئودان، آگ کا دریا، خدا کی بستی اور آنگن وغیرہ انہی کی تصانیف ہیں تو یہ ہر چند کہ ناول لکھنا پڑھنا بھی نہ جانتے تھے، فرط عجز و انکسار سے دہرے ہوگئے۔ کسی بات کی تردید کرنا خلاف آداب جانا۔ ایک اور صاحب کسی کاروبار کے سلسلے میں کسی باہر کے ملک میں گئے اور ملک الشعرا ہو کر واپس آئے۔

آقائے حاجی بابا اصفہانی بھی اصفہانِ آنا خلافِ مصلحت جانتے تھے۔ استنبول میں تو یہ ایک رئیس کے داماد ہو کر ٹھاٹ دکھاتے تھے۔ لیکن وطن آتے تھے تو پرانے گاہک بجائے سر آنکھوں پر بٹھانے کے یہی فرمائش کرتے تھے کہ خلیفہ ذرا میرا سر تو مونڈ دیجیو اور ہاں داڑھی بھی تراش دیجیو۔ اللہ بخشے تمہارے باپ کا سا خط بنانے والا اب سارے اصفہان میں کوئی نہیں رہا۔ یہی وجہ ہے کہ وہ استنبول کی آب و ہوا کی تعریف کیا کرتے تھے اور جب تک زندہ رہے وہیں قیام کرنا پسند کیا۔

مقصود اس قصے کا یہ ہے کہ ہمارا اپنے ہی شہر اور اپنے ہی پرانے کالج میں مہمان خصوصی بن کر آنا ایک طرح کی سنگین غلطی بلکہ غلط کاری ثابت ہوتا۔ لیکن ہم نے

اطمینان کر لیا ہے کہ ہمارے زمانے کے اساتذہ میں سے کوئی کالج میں بچا ہے تو مروت کے مارے ہماری کسی بات پر یہ نہ کہے گا کہ ہماری بلی ہم ہی کو میاؤں۔ صاحبو! ویسے تو ہم آہیں بھر بھر کر اپنے ماضی کی عظمت کی جو جو داستانیں چاہیں بیان کریں لیکن جاننے والے جانتے ہیں کہ اس درس گاہ کے برآمدوں میں دو برس جوتیاں چٹخاتے ہوئے ہم نے نہ کچھ کھویا، سوائے عزت سادات کے۔ اور نہ کچھ پایا سوائے ڈگری کے۔ ہماری کلاسیں ایک طرح سے تعلیم بالغاں کی کلاسیں تھیں۔ ہمارے اساتذہ نے ہمارا عیب و ثواب اور نفع نقصان ہم ہی پر چھوڑ رکھا تھا کیونکہ ہمارے ہم سبقوں میں ایک دو تو شاید صاحب اولاد بھی تھے۔ ان اساتذہ کے علم و فضل میں کلام نہیں، لیکن ان کا فیض صحبت ہمارا کچھ بگاڑ نہ سکا۔ ہم جیسے چھلے چھلائے اور دھلے دھلائے آئے تھے ویسے ہی واپس آ گئے۔

ایک زمانہ تھا کہ ہم قطب بنے اپنے گھر میں بیٹھے رہتے تھے اور ہمارا ستارہ گردش میں رہا کرتا تھا۔ پھر خدا کا کرنا ایسا ہوا کہ ہم خود گردش میں رہنے لگے اور ہمارے ستارے نے کراچی میں بیٹھے بیٹھے آب و تاب سے چمکنا شروع کر دیا۔ پھر اخبار جنگ میں "آج کا شاعر" کے عنوان سے ہماری تصویر اور حالات چھپے۔ چونکہ حالات ہمارے کم تھے لہٰذا ان لوگوں کو تصویر بڑی کرا کے چھاپنی پڑی اور قبول صورت، سلیقہ شعار، پابند صوم و صلوٰۃ اولادوں کے والدین نے ہماری نوکری، تنخواہ اور چال چلن کے متعلق معلومات جمع کرنی شروع کر دیں۔ یوں عیب بینوں اور نکتہ چینیوں سے بھی دنیا خالی نہیں۔ کسی نے کہا یہ شاعر تو ہیں لیکن آج کے نہیں۔ کوئی بے درد بولا، یہ آج کے تو ہیں لیکن شاعر نہیں۔ ہم بددل ہو کر اپنے عزیز دوست جمیل الدین عالی کے پاس گئے۔ انہوں نے ہماری ڈھارس بندھائی اور کہا دل میلا مت کرو۔ یہ دونوں فریق غلطی پر ہیں۔ ہم تو نہ تمہیں شاعر جانتے ہیں نہ آج کا مانتے ہیں۔ ہم نے کسمسا کر کہا، یہ آپ کیا فرما رہے ہیں؟ بولے، میں جھوٹ

نہیں کہتا اور یہ رائے میری تھوڑی ہے سبھی سمجھ دار لوگوں کی ہے۔

ابن انشاء، یہ نام ہم نے نہ جانے کب رکھا تھا اور کیوں رکھا تھا، اور کیوں رکھا تھا کی توجیہ تو یہ ہو سکتی ہے کہ ہمارے اصلی نام میں ایک چوپائے کا نام شامل ہے۔ نیا نام رکھنے کا فائدہ یہ ہوا کہ لوگ سید انشاء اللہ خاں انشا کی رعایت سے ہمیں بھی سید لکھنے لگے۔ یعنی گھر بیٹھے ہماری ترقی ہوگئی۔ اسی نسبت سے دلی والوں نے ہمیں اپنا ہم وطن جان کر ہماری زبان پر کم اعتراض کیے اور دلی مرکنٹائل ہاؤسنگ سوسائٹی والوں نے ایک پر فضا پلاٹ کی ہمیں پیش کش کی۔ لکھنؤ والوں نے البتہ ہماری زبان کے نقائص کے لیے اسی کو بہانہ بنالیا کہ ہاں دلی والے ایسی ہی زبان لکھا کرتے ہیں۔ پھر ایک روز ایسا ہوا کہ ایک صاحب نے آکر ہمارا ہاتھ ادب سے چوما اور کہا، واللہ آپ تو چھپے رستم نکلے۔ آپ کا کلام پڑھا اور جی خوش ہوا۔ ہم نے انکسار برتا کہ ہاں کچھ ٹوٹا پھوٹا کہہ لیتے ہیں۔ آپ نے کون سی غزل دیکھی ہماری۔ حافظے پر زور ڈال کر بولے، "کچھ اس قسم کی ہے، کمر باندھے ہوئے چلنے کو یہاں سب یار بیٹھے ہیں۔" ہم نے کہا، "کہاں پڑھی ہے؟" بولے، "مولوی محمد حسین آزاد کی آبِ حیات میں منقول ہے۔"

جنگ میں "آج کا شاعر" کے ضمن میں خواتین کے بھیجے ہوئے پسندیدہ اشعار بھی چھپا کرتے ہیں۔ ایڈیٹر صاحبہ نے ہمیں فون کیا کہ ذرا چیک کرکے بتائیے۔ یہ سارے اشعار آپ کے ہیں؟ بعض اوقات بیبیاں مختلف شاعروں کے اشعار کو خلط ملط بھی کر دیتی ہیں۔ ہم نے کہا سنائیے۔ ان میں بھی پہلا شعر جو کوئی دس خواتین کی پسند تھا۔ یہی تھا۔

کمر باندھے ہوئے۔۔۔

یہ غزل ہمیں ہمیشہ سے پسند رہی ہے۔ لہٰذا ہم نے ایڈیٹر صاحبہ سے کہا کہ کسی کا دل توڑنے کی ضرورت نہیں۔ اگر کسی کو ہمارا یہی شعر پسند ہے تو خیر چھاپ دیجیے۔ دوسرا

شعر بھی اسی غزل کا تھا۔

بھلا گردش فلک کی چین دیتی ہے کسے انشاء
غنیمت ہے کہ ہم صورت یہاں دو چار بیٹھے ہیں

ہم نے کھنکار کر کہا۔ خیر یہ بھی ٹھیک ہے۔ آگے چلیے۔ اس سے اگلا شعر تھا۔

یاد آتا ہے وہ حرفوں کا اٹھانا اب تک
جیم کے پیٹ میں اک لفظ ہے سو خالی ہے

ہم نے کہا، ہمیں یاد نہیں پڑتا کہ یہ شعر ہمارا ہو۔ مشتبہ بات ہے اسے کاٹ دیجیے اس کے بعد نوبت ان شعروں پر پہنچی۔

کہیں بچھڑا ہوا دیکھا جو اک سرخاب کا جوڑا
تو ڈھاریں مار کر رویا بطِ گرداب کا جوڑا

لگی غلیل سے ابرو کی، دل کے داغ کو چوٹ
پر ایسی ہے کہ لگے تڑ سے جیسے زاغ کو چوٹ

شوق سے تو ہاتھ کو میرے مروڑ
میں ترا پنجہ مروڑوں کس طرح

* * *